CHRIS

OPHER

Heute Abend Tanz
01
BR

Wer nur ein Stück der Ostseeküste kennt, der kennt sie noch lange nicht ganz. Mit Dänemark, Schweden, Finnland, Russland, Estland, Lettland, Litauen, Polen und Deutschland hat das kleine Binnenmeer viele Anrainer. Entsprechend abwechslungsreich sind die Impressionen. Doch »die« Ostseeküste hat auch Gemeinsamkeiten: zum einen ist es die jüngere Erdgeschichte mit der letzten Eiszeit, zum anderen ist es der Bund der Hanse. Der Eiszeit ist es zu verdanken, dass die Ostsee mit ihrer faszinierenden Küste überhaupt existiert. Vor rund 12 000 Jahren begannen die abschmelzenden Gletscher, den Hohlraum der späteren Ostsee mit ihrem Wasser aufzufüllen. An den Rändern entwickelten sich die typischen Küstenformen, wie sie heute noch bestaunt werden können: das Kliff der dänischen Insel Møn und die Kreidefelsen von Rügen, die Schären vor Stockholm, das zu Litauen und Russ-

land zählende Kurische Haff. Die Landschaften und die Ostsee selbst werden von Vögeln und Fischen belebt, von denen einige nur hier die für sie passende Nische gefunden haben. Auch der Mensch hat seit Jahrtausenden Spuren hinterlassen. Der an der Ostseeküste gefundene Bernstein gelangte bereits in der Antike bis in den hintersten Winkel des Römischen Reichs. Für die Wikinger war die Ostsee ebenso selbstverständlicher Handelsweg, wie sie es später für die mittelalterlichen Kaufleute der Hanse wurde. Diesen unermesslichen Reichtum der Geschichte und Kultur gilt es zu entdecken. Dabei finden sich in jedem Land Kleinode, so die Holzhäuser im schwedischen Gammelstad oder das an Kopernikus erinnernde polnische Frombork. An der Ostseeküste liegen aber auch pulsierende Metropolen, allen voran Sankt Petersburg, Riga, Kopenhagen und Stockholm.

Schon der kurze Blick auf einige der Höhepunkte der Region macht deutlich: Die Ostsee ist mehr als nur eine große »Badewanne« für Erholungsuchende. Ein einzelnes Leben reicht nicht aus, um auch die letzte Facette des Edelsteins namens Ostseeküste zu entdecken. So lädt beispielsweise der mondäne Hafen von Malmö zum Bummel ein (unten).

INHALT

Oben: Vor 200 Jahren wurde auf der estnischen Insel Vilsandi ein Leuchtturm erbaut, um die Schiffe sicher nach Nowgorod zu leiten.

Bilder auf den vorherigen Seiten:
S. 1: Prächtige Segelschiffe liegen während der Kieler Woche in der Kieler Förde und warten auf ihren Auftritt in der Parade.
S. 2/3: Malerische Seen und die urtümliche Haffküste machen den Facettenreichtum des Stettiner Haffs aus.
S. 4/5: In Finnlands Hauptstadt Helsinki ist das Wasser nie fern. Auch das Innenstadtviertel Kaisaniemi liegt an den Ausläufer des Finnischen Meerbusen.
S. 6/7: In der Nähe des Altarraums der Kathedrale von Roskilde befinden sich einige der insgesamt fast 40 Grabstätten des dänischen Königshauses.
S. 8/9: Im Jahr 1899 fertiggestellt, ist die Ahlbecker Seebrücke sowohl eine der ältesten Deutschlands, als auch ein Wahrzeichen der Insel Usedom.

INHALT

Oben: Admiralität und Isaakskathedrale sind nur zwei der zahlreichen Prachtbauten, die die Skyline von Sankt Petersburg bereithält.

DÄNEMARK

Dänemark ist der kleinste Anrainerstaat der Ostsee und kann dennoch mit einer der größten Metropolen der Region aufwarten: Kopenhagen mit seiner Altstadt am Wasser. Doch nicht allein die Hauptstadt ist es, die Besucher aus aller Welt anzieht. Kulturbeflissene wissen ebenso den Dom von Roskilde, die Festung Kronborg oder Schloss Egeskov zu schätzen. Außerdem sucht die Vielfalt der Inselwelt mit ihren Naturschönheiten ihresgleichen. Erkundet werden kann sie dank zahlreicher Fähren und Brücken, über die Dänemark Kontakt zu den Nachbarn hält.

So klein die Insel Møn ist, so groß sind ihre Schätze: Die imposanten Klippen vor Møns Klint sind mit den Kreidefelsen von Rügen vergleichbar.

Im Süden schlägt das maritime Herz des knapp 3000 Quadratkilometer großen Eilands. In Svendborg mit seinen verwinkelten Gassen hat Seefahrt seit jeher Tradition. In den Werften werden Schiffe gebaut, Seeleute besuchen die Marineschule, und im Hafen schaukeln moderne Jachten neben Oldtimern. Die schmucke Fähre tuckert zum Valdemars Slot auf Tåsinge und zurück – ein Ausflug, der auf jeden Fall eingeplant werden sollte. Westlich von Tåsinge beginnt die »Dänische Südsee«: kleine Inseln in türkisfarbenem Wasser. Ein Wanderweg führt zu sanft ansteigenden Hügeln, die stolz »Fünische Alpen« genannt werden. Mitten auf der Insel liegt Odense. Herausgeputzte alte Fachwerkhäuser beherbergen kleine Boutiquen, moderne Cafés und urige Restaurants. Immer präsent ist der große Sohn der Stadt, der Märchendichter Hans Christian Andersen, der hier 1805 geboren wurde.

Im Sommer ist Fünen ein großer Obstgarten. Erdbeeren, Himbeeren, Kirschen und Äpfel warten in Körben am Straßenrand auf Naschkatzen, und mit dem Proviant geht es zu einem der Strände, am Großen oder am kleinen Belt. Am Wasser schmeckt ein Picknick einfach am besten. Dazu laden die Häfen von Middelfart (links) und Svendborg (unten) ein. Odense versprüht dagegen Großstadtcharme (ganz links).

HANS CHRISTIAN ANDERSEN

»Mein Leben ist ein schönes Märchen, so reich und glücklich«, verkündete Hans Christian Andersen (1805–1875) in seiner Autobiografie. Doch so glücklich war das Leben des wohl bekanntesten Dichters und Schriftstellers Dänemarks nicht immer. Von seiner Kindheit in einer armen Odenser Schuhmacherfamilie bis zu seinem Leben als gefeierter und an König- und Fürstenhöfen gern gesehener Künstler durchschritt er einen wahren Dornenpfad.

Hans Christian Andersen war gerade elf Jahre alt, als sein Vater starb. Drei Jahre später verließ er seine alkoholkranke Mutter und zog nach Kopenhagen, »um dort berühmt zu werden«. Schauspieler oder Sänger wollte er werden, und das am Königlichen Theater. Der schlaksige Junge kam über eine Statistenrolle nie hinaus. Doch fand er in Jonas Collin, dem Finanzchef des Theaters, einen Gönner, der ihm Schulbildung und Studium ermöglichte.

Damit war zumindest der Grundstein für die Karriere des talentierten Mannes gelegt. Rund 190 Märchen verfasste Andersen im Laufe seines Lebens, zahlreiche Romane, Reisebücher und Gedichte. Sogar Libretti für Opern und Singspiele entsprangen seiner eifrigen Feder. Bis heute ziehen vor allem Andersens Märchen wie »Das hässliche Entlein«, »Des Kaisers neue Kleider« oder »Die Prinzessin auf der Erbse« Kinder aus aller Welt in ihren Bann.

In der Altstadt von Odense erinnert das Hans-Christian-Andersen-Haus an das Leben und Werk des großen Dichters (Bilder links und großes Bild). In seiner Heimatstadt Odense finden sich zahlreiche Statuen und Skulpturen die den berühmtesten Sohn der Stadt zeigen (unten rechts). Aus seiner Feder stammen so bekannte Märchen wie »Die kleine Meerjungfrau« und »Däumelinchen«.

FÜNEN: SCHLOSS EGESKOV

15 Jahre brauchte der Brite Sir Nevile Wilkinson, um dem Wunsch seiner Tochter entsprechend ein Puppenhaus für die Elfen zu errichten, die diese im Garten gesehen hatte. Der zimmergroße »Palast Titanias« ist rund 100 Jahre alt und wird in einem nicht minder märchenhaften Gebäude im Süden der Insel Fünen ausgestellt: Schloss Egeskov zählt zu Europas am besten erhaltenen Wasserburgen. Ein ganzer Eichenwald – ein »Egeskov« – soll verbaut worden sein, um mitten in einem See das Fundament der 1554 vollendeten Schlossanlage zu errichten. Seit 1967 birgt sie mehrere Museen. Die Sammlungen reichen von Oldtimern über Pferdewagen, einen Kaufmannsladen bis hin zu historischen Puppen. Der Schlosspark gilt als der schönste Garten Dänemarks, in dem Hunderte verschiedene Fuchsienarten wachsen. Einige Hecken sind rund 270 Jahre alt.

Die Türen von Schloss Egeskov stehen allen Besuchern offen. Von den Eichen, die das Fundament bilden und dem Schloss seinen Namen gaben, ahnen die meisten Gäste nichts. Sie zeigen sich fasziniert von der Anlage, die seit über 400 Jahren inmitten einer Wasserfläche trutzt. Wer wieder ins Freie gelangt, kann sich in der romantisch verwunschenen Gartenanlage entspannen.

Die Insel Ærø präsentiert sich als ein Stück Dänemark wie aus dem Bilderbuch. Eine Fahrt über das Eiland führt durch eine ländliche Idylle an blau, gelb oder rot gestrichenen, reetgedeckten Gehöften, Windmühlen und einigen Hünengräbern vorbei. Im Sommer sorgen blühende Wiesen und wogende Kornfelder für zusätzliche Farbtupfer. An der Küste locken weite, weißsandige Dünenstrände und das blau leuchtende Meer. Das denkmalgeschützte Ærøskøbing an der Nordostküste mit seinen engen Gässchen gilt als schönster Ort der Insel. Zur Nachbarinsel Langeland gelangt man einfach über eine Brücke; die Insel ist schlicht nach ihrer Form benannt. Mit seinen zehn alten Mühlen und dem Mühlenmuseum im Tranekær Slot gilt Langeland zudem als Mühleninsel, entsprechend wartet der Hauptort Rudkøbing mit einer restaurierten Stadtmühle als Wahrzeichen auf.

Fast schon nicht mehr von dieser hektischen Welt scheint das Leben auf manchen dänischen Inseln zu sein. Auf dem kleinen Ærø sieht es aus wie in vergangenen Tagen, so in der »Märchenstadt« Ærøskøbing (links) oder im Hafen von Soby, wo Fischer ihre Netze zum Trocknen aufgehängt haben (ganz links). Auch die Ortschaften im östlich gelegenen Langeland stehen dem in nichts nach (unten).

DÄNEMARKS BRÜCKEN

Für ein Land wie Dänemark, das aus über 400 Inseln besteht, sind Brücken ein wahrer Segen der Technik. Den größten Brückengiganten bildet die knapp 16 Kilometer lange Öresund-Verbindung, die seit 2000 das dänische Kopenhagen mit dem schwedischen Malmö verbindet. Die Konstruktion besteht aus einem vier Kilometer langen Tunnel, einer künstlichen Insel sowie der rund acht Kilometer langen Öresund-Brücke mit vierspurigem Autoverkehr. Das Kernstück ist die fast 1100 Meter lange Hochbrücke über den Öresund. Die nicht minder beeindruckende Konstruktion der Storebælt-Brücke überwindet seit 1998 den Großen Belt zwischen Fünen und Seeland. Auch hier bildet eine Hängebrücke das Herzstück, zwei jeweils drei Kilometer lange und 85 Zentimeter dicke Tragseile geben der »Königin der Brücken« ihren Halt. Zwischen den Pylonen spannen sich stolze 1624 Meter Fahrbahn bis zu 65 Meter hoch über die Wasserstraße, sodass auch die größten Schiffe mühelos passieren können. Das spektakulärste Brückenprojekt wurde allerdings eingestellt: Die 19 Kilometer lange Fehmarnbelt-Brücke sollte die dänische Insel Lolland mit der deutschen Insel Fehmarn verbinden – das Bauwerk wäre die längste Brücke Europas geworden. In den nächsten Jahren soll hier stattdessen eine Tunnellösung entstehen.

Seit Menschengedenken konnte der Blick ungehindert durch den Öresund schweifen. Seit dem Jahr 2000 sind diese Zeiten vorbei. Die Betrachter mussten sich daran gewöhnen, dass sich die Öresund-Brücke vor den Horizont geschoben hat (Bilder links). Neben dem Giganten zeigt sich Dänemark noch reich an anderen Brücken: Die Lillebelt-Brücke überspannt den Kleinen Belt (unten).

Eine entspannte Atmosphäre und lebensfrohe Menschen – das ist Kopenhagen. Wie sollte es auch anders sein, wenn schon die berühmte kleine Meerjungfrau aus den Fluten grüßt und sogar das Königshaus einen unbekümmerten, volksnahen Lebensstil pflegt? Die dänische Hauptstadt hat ein großes und vielseitiges kulturelles Angebot, und die Ausgeh- und Vergnügungsviertel sind weltberühmt. Insbesondere wenn sich die Sonne zeigt, spielt sich das Leben auf den Straßen, in den Parks und nicht zuletzt am Wasser ab. Das im Westen und Norden von Wasser, den Kopenhagener Seen, eingefasste und im Osten an den Hafen grenzende historische Zentrum wartet mit einem Ensemble aus prächtigen Renaissance- und klassizistischen Repräsentationsbauten auf. Eine erste Blütezeit erlebte die Stadt am Öresund, die seit 1443 Hauptstadt von Dänemark ist, im späten Mittelalter als Handelshafen.

Unten: Der 2005 eröffnete Neubau des Kopenhagener Opernhauses, ein Geschenk des Reeders Arnold Mærsk McKinney Møller, war von Anfang an umstritten. Der reichste Mann Dänemarks ließ die Oper ohne vorherige öffentliche Ausschreibung nach seiner Vorstellung errichten. Ganz links: Dem Bildhauer Bertel Thorvaldsen widmete seine Heimatstadt ein interessantes Museum. Links: Wohnviertel am Hafen.

KOPENHAGEN: HAFEN UND NYHAVN

Paris gibt mit dem bombastischen Eiffelturm an, Rom ist seit Jahrhunderten stolz auf das bullige Kolosseum, Kopenhagen genügen 1,25 Meter Bronze als weltberühmtes Wahrzeichen: »Die kleine Meerjungfrau« nach einem Märchen von Hans Christian Andersen. Wohl kaum eine andere Skulptur bildet ein derart beliebtes Fotomodell wie »Lille Havfrue«. Einen Katzensprung entfernt öffnet sich der Öresund, die umgebenden Straßenzüge leben von der Atmosphäre des Hafens. Vom Hauptwasserarm Inderhavnen zweigt das Hafenbecken »Nyhavn« (Neuer Hafen) ab, das im Zentrum eines quirligen Viertels liegt. Am Wasser ziehen bunte Giebel die Blicke auf sich und erinnern an die Zeit, in denen Hans Christian Andersen dort lebte. Heute tummeln sich in den Gassen zahlreiche Restaurants und zu Rundfahrten einladende Ausflugsschiffe.

Seit 1913 ziert die Uferpromenade von Kopenhagen das Werk des Künstlers Edvard Eriksen: »Die kleine Meerjungfrau« (links). Die Statue ist ebenso beliebt wie ein abendlicher Bummel in den erleuchteten Gassen des Neuen Hafens (unten und ganz links). Andererseits scheint sie auch Feinde und Neider anzuziehen, denn schon oft musste das Fräulein von Farbe und Dellen befreit werden.

KOPENHAGEN: AMALIENBORG

Nur einen Steinwurf von der »kleinen Meerjungfrau« entfernt liegt im Süden Schloss Amalienborg, eine der Residenzen von Dänemarks Königin Margarethe II. Der Gebäudekomplex aus der Mitte des 18. Jahrhunderts ist kein typisches Schloss. Er besteht vielmehr aus vier Palais, die sich um einen achteckigen Platz gruppieren. Das Ensemble wird weltweit als eine außergewöhnliche Anlage gelobt. Ein Besuch ist nicht nur für Fans des Königshauses ein Muss. Die prunkvoll geschmückten Fassaden gelten als Höhepunkt des dänischen Barocks. Besucher sollten auf die Flagge achten: Ist sie gehisst, ist die Königin zugegen. Um zwölf Uhr kann der beeindruckende Wachwechsel der Garden mit ihren großen Fellmützen bestaunt werden.

An den Ecken des Schlossplatzes stehen die Palais Levetzau, Brockdorff, Moltke und Schack. Das Zentrum der Anlage wird von der Reiterstatue Frederiks V. markiert (unten). Der Monarch regierte als König von Dänemark und Norwegen von 1746 bis zu seinem Tod 20 Jahre später.

KOPENHAGEN: FREDERIKSKIRCHE

Einer der breiten Boulevards, die von den Palais des Schlosses Amalienborg flankiert an vier Seiten vom zentralen Platz abstrahlen, führt direkt zur wenige Hundert Meter entfernten Frederikskirche. Dieser ebenfalls von Nicolai Eigtved entworfene Bau war ursprünglich als Teil des königlichen Erneuerungskonzepts geplant, wurde aber erst wesentlich später fertiggestellt. Die Kirche wurde von 1740 bis 1894 errichtet und wird wegen ihres Baumaterials auch »Marmorkirche« genannt. Als Vorbild diente der Petersdom in Rom, entsprechend zählt die 45 Meter hohe und 31 Meter breite Kuppel zu den größten Europas. Ein Schriftband umläuft das Kuppelrund, es zitiert den Bibelvers »Das aber ist das ewige Leben: dass sie dich, den einzigen wahren Gott, erkennen und den du gesandt hast, Jesus Christus.« (Johannesevangelium 17,3) auf Dänisch.

Die wuchtige Kuppel der Frederikskirche stellt Schloss Amalienborg in den Schatten. Wenn nachts die Besucherströme versiegt sind und die Straßen Ruhe ausstrahlen, entfaltet sich die Klarheit der Architektur in besonderem Maße.

KOPENHAGEN: AMALIENBORG

KOPENHAGEN: FREDERIKSKIRCHE

KOPENHAGEN: ROSENBORG

Auf der Karte von Kopenhagens Innenstadt fällt eine große, fast quadratische Grünfläche ins Auge: der streng geometrisch angelegte Park von Schloss Rosenborg. Das Gebäude selbst ließ sich König Christian IV. ab dem Jahr 1606 als Sommersitz errichten, die Bauzeit nahm rund zwei Jahrzehnte in Anspruch. Das Ergebnis kann sich bis heute sehen lassen, Schloss Rosenborg gilt als herausragendes Beispiel der niederländischen Renaissancearchitektur. Als saisonale Residenz wurde es recht schnell ausrangiert, um 1710 empfand es der Urenkel des Erbauers, König Frederik IV., als nicht mehr zeitgemäß. Statt des Königs beherbergte Schloss Rosenberg nun die königlichen Sammlungen. Für das allgemeine Publikum wurden die Türen jedoch erst im Jahr 1838 geöffnet. Als größter Schatz gelten heute die Kronjuwelen, mit denen sich seit 1746 die regierende Königin schmücken durfte.

Schloss Rosenborg ist eine besondere Perle der Renaissance und bereichert Kopenhagens Architektur bereits seit rund 400 Jahren. Erst seit rund 180 Jahren kann sich auch das gemeine Publikum vom Inneren der ehemaligen Residenz inspirieren lassen. Jeder der prachtvollen Räume zeigt sich den Ansprüchen eines an überbordenden Luxus gewöhnten Königs würdig (rechts: Marmorkorridor).

Kopenhagens berühmte Fußgängerzone zieht sich über fünf Straßen vom Rathausplatz bis zum Kongens Nytorv, dem Königlichen Neumarkt, hin. Ein Bummel über die Flaniermeile ist ein Muss für jeden Besucher, denn hier gibt es auf Schritt und Tritt etwas zu sehen und zu bestaunen. Die Strøget wird von prachtvollen, hohen Renaissancebauten gesäumt. Überall locken interessante Geschäfte, Cafés und Restaurants, und auch Straßenmusikanten spielen auf. Außerdem liegen einige der Museen und sehenswerte Sakralbauten an der Route. Blickfang am weitläufigen Rathausplatz ist natürlich das zwischen 1892 und 1905 errichtete Rathaus, das seinem Pendant im italienischen Siena nachempfunden wurde. Nördlich des Platzes schließt sich das Latinerkvatere, das »Lateinische Viertel«, mit dem in den 1830er-Jahren errichteten Hauptgebäude der Universität, der St.-Petri- und der Liebfrauenkirche an. Zwar sind die meisten Universitätsgebäude inzwischen umgezogen, trotzdem hat sich das einstige Studentenviertel seinen Charme bewahrt.

Die ursprünglich aus dem 13. Jahrhundert stammende Nikolajkirche überragt die Altstadt von Kopenhagen (beide Bilder) und bildet einen Fixpunkt, den man von der Strøget aus gut ausmachen kann. Das Gotteshaus wurde nach einem Brand erst 1917 wiederaufgebaut.

KOPENHAGEN: TIVOLI

Als im Jahr 1843 der Vergnügungspark Tivoli seine Tore öffnete, setzte gleich vom ersten Tag an ein wahrer Besucheransturm ein. Bis heute ist der Park auch für Einheimische ein fester Fixpunkt im Leben der Stadt. Neben dem Riesenrad und den zahlreichen auch sehr modernen Fahrgeschäften werden einige ganz besondere Attraktionen geboten, das berühmte Pantomime-Theater etwa oder die altmodischen Karussells, die man sonst in anderen Vergnügungsparks kaum noch sieht. Eine chinesische Pagode und der Nachbau eines indischen Palasts sind weitere Höhepunkte. Anders als bei manch anderen Parks dieser Art fehlt die meist übliche grelle Beleuchtung gänzlich. Stattdessen erhellen abends Tausende von einzelnen Lampen dezent das Gelände – am Eingang beäugt von einer Statue des Nationaldichters Hans Christian Andersen.

Kopenhagen bietet seinen Einwohnern eine Einrichtung, die von vielen Gästen mit neidvollen Blicken betrachtet wird: Der Freizeitpark Tivoli garantiert Kirmesvergnügen für die Hauptstädter. Er ist während der Sommermonate und in der Vorweihnachtszeit geöffnet. Der hinter dem Rathausplatz gelegene Vergnügungspark ist, neben der kleinen Meerjungfrau, wohl das bekannteste Wahrzeichen der Stadt.

KOPENHAGEN: RATHAUS

Das Rathaus ist ein von 1892 bis 1905 errichteter roter Backsteinbau, der im Herzen der Stadt am HC Andersens Boulevard liegt, direkt gegenüber vom Tivoli. Der Rathausplatz mit dem Drachenspringbrunnen aus dem Jahr 1904 ist ein geschäftiger Drehpunkt des Kopenhagener Lebens und ein beliebter Treffpunkt. Eine Statue des Märchensammlers und Dichters Hans Christian Andersen sowie eine Säule mit zwei bronzenen Lurenbläsern schmücken den Platz. Das Rathaus selbst ist im Stil der italienischen Renaissance erbaut, mit einem Zinnenkranz und Ecktürmen auf dem Dach. Skulpturen zieren die Fassade, darunter eine vergoldete Figur des Kopenhagener Stadtgründers Bischof Absalon über dem Erscheinungsbalkon. Von diesem aus winkt u. a. die Königin dem Volk zu. Der Rathausturm ist mit 113 Metern der höchste des Landes. Er beherbergt die aus über 15 000 Einzelteilen bestehende astronomische Weltuhr von Jens Olsen, auf der man seit 1955 die Zeit an jedem beliebigen Ort der Welt ablesen kann.

Das rund ein Jahrhundert alte Rathaus (rechts) imponiert auch mit einem großzügig angelegten Innenhofbereich (ganz rechts).

KOPENHAGEN: CHRISTIANSBORG

Das ehemalige Königsschloss strahlt mit seinem 90 Meter hohen Turm und den klaren, symmetrischen Linien eine Erhabenheit aus, die seiner Bedeutung für Kopenhagen und für Dänemark entspricht. Schloss Christiansborg blickt auf eine bewegte, über 800-jährige Geschichte zurück: Im Mittelalter stand hier die erste Kopenhagener Burg, an deren Stelle König Christian VI. im 18. Jahrhundert ein Rokokoschloss errichtete. Dieses fiel aber 1794 jener Brandkatastrophe zum Opfer, die Christian VII. dazu veranlasste, nach Amalienborg umzusiedeln. Von 1806 bis 1828 wurde das Schloss im klassizistischen Stil wiederaufgebaut, brannte jedoch 1884 abermals aus. Das heutige Gebäude entstand ab 1903 und ist seit 1918 Sitz des dänischen Parlaments. Teile des über 600 Räume umfassenden Schlosses werden aber auch als Museum genutzt, in dem die königlichen Kutschen zu sehen sind. Im Hof werden weiterhin die Pferde der königlichen Familie trainiert.

Das Innere von Schloss Christiansborg zeugt von der Pracht vergangener Zeiten (kleine Bilder). Auch der Parlamentssaal beeindruckt durch Stuckaturen und Holzschnitzkunst.

KOPENHAGEN: RATHAUS

KOPENHAGEN: CHRISTIANSBORG

KOPENHAGEN: GLYPTOTHEK

Als 1884 Schloss Christiansborg niederbrannte, wurden auch die meisten dort aufbewahrten Gemälde vernichtet. Das tragische Ereignis war für den Besitzer der Großbrauerei Carlsberg, Carl Jacobsen, Anlass, seine umfangreiche private Kunstsammlung der Stadt Kopenhagen zu schenken und damit die Grundausstattung für das Museum zu stiften. Jacobsen war nicht nur Kunstsammler und Mäzen, der zudem andere Projekte tatkräftig unterstützte, sondern zugleich ein großer Bewunderer der Münchner Glyptothek. In Anlehnung daran erhielt das neue Museum den Namen »Ny Carlsberg Glyptotek« – Neue Glyptothek Carlsberg. Das heutige Museumsgebäude wurde 1897 eröffnet und beherbergt die größte Sammlung antiker Kunst in Nordeuropa. Als Kopenhagen 1996 europäische Kulturhauptstadt war, kam eine große Sammlung französischer Expressionisten dazu, unter anderem Werke von Toulouse-Lautrec, Gauguin und vielen anderen.

Liebhaber der Stille lassen ihre Seele hinter den schützenden Mauern der »Ny-Carlsberg-Glyptothek« baumeln.

KOPENHAGEN: ALTE BÖRSE

Auch die ehemalige Warenbörse entstand auf Veranlassung Christians IV., des baufreudigen Königs, der so nachhaltig das Kopenhagener Stadtbild geprägt hat. Der von 1619 bis 1640 errichtete Renaissancebau mit seinem berühmten »Drachenschwanzturm« steht direkt neben dem einstigen Königsschloss Christiansborg auf der Schlossinsel (Slotsholmen). Geplant wurde die Börse als Zweckbau für den Handel mit Waren aus Übersee. Dessen ungeachtet, musste das Gebäude aber manchen extravaganten Wünschen des Königs entsprechen; so durfte es insgesamt nicht zu hoch werden, um die Sicht aus dem benachbarten Palast nicht zu verbauen. Wirtschaftlich brachte die Börse jedoch nicht den gewünschten Erfolg und wurde schon bald an einen Unternehmer verkauft. Mitte des 19. Jahrhunderts zog die Handelsbörse ein, die hier gut 100 Jahre lang den Parkettbetrieb aufrechterhielt. Heute ist die alte Börse Sitz der Handelskammer.

Markant ragt der Turm der Alten Börse in den Himmel, der in seiner Formgebung an einen Korkenzieher erinnert.

KOPENHAGEN: GLYPTOTHEK

KOPENHAGEN: ALTE BÖRSE

STEVNS KLINT

Die rund 15 Kilometer lange, bis zu 41 Meter hohe Steilküste Stevns Klint im Südosten der Ostseeinsel Seeland zeugt von einem der dramatischsten Ereignisse der Erdgeschichte – einem Massensterben vor rund 65 Millionen Jahren. Geologen erkennen in dem zentimeterschmalen, die älteren Kreideschichten von den tertiären Kalksteinen trennenden Band die apokalyptisch anmutende Geschichte eines gigantischen Meteoriteneinschlags, dem mehr als die Hälfte aller Lebewesen der Erde zum Opfer fielen, darunter wohl auch die Dinosaurier. Spuren dieses fatalen Einschlags entdeckte man schon in den 1970er-Jahren. In den Kreideschichten hier in Dänemark fand man Spuren von damals lebenden Haien und Krokodilen, die im Meer rund um Stevns Klint lebten. Im dortigen Museum sind einige dieser faszinierenden Versteinerungen ausgestellt.

Geologisch betrachtet, bildet die Grenze zwischen der Kreidezeit und dem früher als »Tertiär« bezeichneten Paläogen eine auffällige Zäsur. Als schmales Band in der Schichtenfolge markiert sie den Übergang vom Erdmittelalter zur Erdneuzeit. In den Kreideablagerungen bei Højerup, etwa in der Mitte der Steilküste, ist die K(reide)-T(ertiär)-Grenze als ein dunkles Band sichtbar, auch »Fischton« genannt.

FREDERIKSBORG

Anfang des 17. Jahrhunderts erbaute König Christian IV. in Hillerød auf Seeland ein prächtiges Wasserschloss. Der dabei verwendete Stil mit Dreiecksgiebeln und roten Backsteinmauern wird bis heute als »Christian-IV.-Stil« bezeichnet. Die Anlage erstreckt sich über drei Inseln im Frederiksborgsee, das dreiflügelige Hauptschloss thront auf der nördlichsten Insel. Zwischen 1660 und 1849 ließen sich alle dänischen Herrscher unter dem Sternengewölbe der Schlosskapelle salben. Bis heute birgt die Kapelle die Wappenschilde der Träger des höchsten dänischen Ordens, des Elefantenordens. Auch die Träger des Dannebrogordens wurden hier verewigt. Nach einem Brand im Jahr 1859 finanzierte der dänische Industrielle Jacob Christian Jacobsen den Wiederaufbau des Schlosses und errichtete dort 1878 das erste Nationalhistorische Museum Dänemarks.

Die Backsteinfassade des Wasserschlosses Frederiksborg ist mit allegorischen Figuren geschmückt, darunter ein Neptun mit Dreizack. Außen am Gebäude dominieren Türme, innen präsentiert das Nationalhistorische Museum in prunkvollen Sälen seine reichhaltigen Sammlungen (links; ganz links: die Große Halle). Rund um das Schloss lädt ein Park mit Springbrunnen zum Verweilen ein (Bilder unten).

KATHEDRALE VON ROSKILDE

Bis zur Reformation im 16. Jahrhundert befand sich das kirchliche Zentrum Dänemarks in Roskilde, einer Stadt auf der Insel Sjælland, etwa 30 Kilometer westlich der Hauptstadt Kopenhagen. Bis 1443 war Roskilde als Königsresidenz auch Hauptstact von Dänemark. Der Bauherr der ersten romanisch-gotischen Backsteinkirche Skandinaviens war der Gründer von Kopenhagen, Bischof Absalon. Er ließ sie über den Grundmauern von zwei älteren, kleineren Kirchen ab dem Jahr 1170 errichten, um der königlichen Residenz ein entsprechend würdiges und repräsentatives Gotteshaus zu geben. Mit der Errichtung der großen Türme im 14. Jahrhundert erhielt die Kathedrale im Wesentlichen ihr heutiges Gesicht. Der Dom selbst, der bis ins 19. Jahrhundert hinein durch Vorgebäude und Seitenkapellen erweitert wurde, gilt als bedeutendes Zeugnis dänischer Kirchenarchitektur.

Auch wenn Roskilde wegen eines Festivals alljährlich von Rockfans heimgesucht wird, bleibt der Hauptanziehungspunkt der Dom. Er war Vorbild für die zahlreiche Backsteinkirchen, die später entlang der Ostseeküste entstanden. Der Altar stammt aus dem 16. Jahrhundert und gehört zu den Antwerpener Altaren, eine Form des Flügelaltars mit kunstvoll geschnitzten Schreinen. Die Orgel verrät barocke Einflüsse.

KATHEDRALE VON ROSKILDE: GRABMÄLER

Seit dem 15. Jahrhundert ist Skandinaviens größte Kirche eine beliebte Grabstätte dänischer Königinnen und Könige. Auch die Gebeine des legendären Wikingerkönigs Harald Blauzahn (um 910 bis 987), des Gründers von Dänemark, liegen im Dom begraben. Weil der Platz in der Kathedrale endlich ist, ließen die Herrscher Grabkapellen an das Kirchenschiff anbauen. Jede ist anders und spiegelt den jeweiligen Zeitgeschmack wider, ob dunkel-düster, aufwendig-protzig, nüchtern-nordisch oder sogar hell-heiter. Insgesamt 37 gekrönte Häupter ruhen seit dem 15. Jahrhundert in aufwendig gestalteten Sarkophagen in der Kathedrale von Roskilde. Ein besonders prachtvolles Exemplar ist der marmorne Sarkophag von Christian V. (1646–1699). Außer Sarkophagen schmücken viele Stein- und Marmorbüsten den großzügig gestalteten Innenraum.

Das karge Äußere des Gotteshauses und die weiße Gestaltung des Mittelschiffs stehen im Gegensatz zum überbordenden Schmuck der Kapelle von Christian IV., der von 1588 bis 1648 regierte. Eine weitere Kuriosität im Inneren des Doms ist die Königssäule, in der die Körpermaße einiger europäischer Regenten eingraviert sind. Mit 2,19 Meter war Christian I. von Oldenburg (1426–1481) ein stattlicher Herrscher.

NATIONALPARK KONGERNES NORDSJÆLLAND

Mit dem Nationalpark Kongernes Nordsjælland erhielt Dänemark im FrühjahrKon 2018 seinen fünften Nationalpark. In dem 250 Quadratkilometer gro3en Gebiet liegen die beiden größten Binnenseen des Landes, Arresø und Esrum Sø. Gleichzeitig befindet sich einer der größten Wälder des Königreichs, der Gribskov, innerhalb seiner Grenzen. Er ist ein Relikt aus der alten Zeit, als das prähistorische Nordseeland noch flächendeckend mit Wald bewachsen war. Ein Großteil des Gribskov wurde einst abgeholzt, per Schiff nach Kopenhagen transportiert und dort als Brennholz verwendet. Ebenfalls im Nationalpark liegt das als Weltkulturerbe von der UNESCO geschützte Schloss Kronborg in Helsingbø. Hier wacht es wie eine Festung über die Einfahrt in den Öresund. Bekannt ist das Bauwerk auch als »Hamletschloss«, denn Shakespeare ließ dort die Handlung seines Dramas stattfinden.

Die Umwelt schützen und bewahren, das ist der Grundgedanke von Nationalparks. Wer einmal ein solch überwältigendes Naturschauspiel wie diesen Sonnenuntergang erlebt hat, dem erscheint nichts lohnender als das (großes Bild). Uralte Bäume erzählen stumm die Geschichten vergangener Tage (Bildleiste oben). Kapitale Hirsche mit mächtigen Geweihen ziehen durch die stillen Täler des Nationalparks (links).

PARFORCEJAGDLANDSCHAFT IN NORDSEELAND

Seit dem Jahr 2015 zählt die Parforcejagdlandschaft in Nordseeland zum UNESCO-Weltkulturerbe. Diese Welterbestätte umfasst drei große Waldgebiete im Norden der dänischen Insel Seeland, die vornehmlich im 17. Jahrhundert in königliche Jagdreviere umgewandelt wurden. Die Jagdgebiete gelten als herausragende Beispiele barocker Landschaftsplanung und als gelungene Umsetzung des ihr zugrundeliegenden Prinzips »more geometrico« (»nach der Art der euklidischen Geometrie«). Bis heute werden die Waldlandschaften des Store Dyrehave, des Gribskov und des Jægersborg Dyrehave von einem Wegenetz durchzogen, das unter König Christian V. (1646–1699) für Parforcejagden angelegt wurde. Diese Form der Jagd, bei der eine von berittenen Jägern begleitete Hundemeute auf das Wild gehetzt wird, erfordert breite Wege, die im 17. und 18. Jahrhundert an vielen Orten Europas in die Wälder geschlagen wurden. Die Wegesysteme, die den Store Dyrehave und den Gribskov erschließen, veranschaulichen dabei aufs Schönste den gestalterischen Willen barocker Landschaftsarchitekten, eine Art von Ordnung in die wilde Natur zu bringen. Die Wegschneisen sind gerade angelegt und führen exakt sternenförmig auf ein Zentrum zu.

Das Eremitageslottet im Jægersborg Dyrehave wurde mitten im Jagdgebiet errichtet (ganz links). Auch heute noch finden am Hubertustag, dem 3. November, Gesellschaftsjagden im Dyrehave zu Ehren des Schutzpatrons der Jagd, dem heiligen Hubertus von Lüttich (um 655–727), statt. Traditionell sind die Jäger dabei in Rot und Weiß gewandet (Bildleiste oben). Links: Zeichnung des Dyrehave aus dem 17. Jahrhundert.

KRONBORG

Auf einer Landzunge im Nordosten von Seeland erhebt sich weithin sichtbar die Festung Kronborg. Seit dem 15. Jahrhundert wurde von hier aus die Einfahrt in den Öresund bewacht und der berüchtigte Sundzoll erhoben. Unter König Frederik II. entstand im 16. Jahrhundert das heutige vierflügelige Renaissancegebäude. Ein Jahrhundert darauf wurde die Anlage zur stärksten Festung ihrer Zeit ausgebaut und diente als Gefängnis und Kaserne.

Seine weltweite Berühmtheit verdankt das Schloss William Shakespeare, der um 1600 seine Tragödiengestalt Hamlet auf Kronborg ansiedelte. Auch der skandinavische Held Holger Danske fand hier seine Heimat; der Sage nach soll er aus seinem tiefen Schlaf erwachen, wenn das dänische Königreich ernsthaft bedroht wird. Um dem vorzubeugen, steht das Schloss seit dem Jahr 2000 auf der UNESCO-Liste des Weltkulturerbes.

Der mächtige Renaissancebau kontrol.ierte einst die schmalste Stelle des Öresunds. So leicht, wie Schiffe heute die Festung Kronborg passieren, hatten es die Segler aus vergangenen Jahrhunderten nicht. Bei der Einfahrt in den Öresund hatten sie Tribut zu zollen. Angesichts der dicken Mauern des Gebäudes kann Dänemarks Nationalheld Holger Danske getrost den Schlaf des Gerechten schlafen.

Mit ihren Feigenbäumen und weiß getünchten Schornsteinen wirkt die »Perle der Ostsee« nahezu mediterran. Das bezaubernde Licht der vor der Südostspitze Schwedens gelegenen Insel zog schon im 19. Jahrhundert zahlreiche Künstler an. Das hat sich bis heute nicht geändert – im Verhältnis zu ihrer Einwohnerzahl weist die Insel die höchste Dichte an Künstlern und Kunsthandwerkern in ganz Europa auf. Wie von Malerhand geschaffen wirken auch die Küstenlandschaften: Während der Süden von kilometerlangen weißen Sandstränden und kleinen Badebuchten eingenommen wird, zeigt sich die Nordküste steil und zerklüftet. Bis zu 22 Meter hoch recken sich die Felsnadeln der vom Meer umspülten Helligdomsklippen in die Höhe. Das Inselinnere wiederum beeindruckt mit einem der größten zusammenhängenden Waldgebiete Dänemarks.

Obwohl Bornholm vor Schwedens Küste liegt, ist die Insel ein besonderes Schmuckstück Dänemarks. Einheimische und Besucher schätzen die Beschaulichkeit, die hier noch Trumpf ist. Auf Bornholm sieht man noch Kutter, die nach dem Fang in den Hafen einlaufen (links). Die Landschaft nahe Hammerhavn an der Nordspitze ist ebenso urtümlich (ganz links) wie die alte Wassermühle (unten).

Der Weg zu den sagenumwobenen Kreidefelsen Møns Klint führt durch einen Buchenwald. Majestätisch stehen die Stämme auf dem Weg Spalier, als wollten sie den Besucher auf den Blick vorbereiten. Mehr als 70 Millionen Jahre sind die weißen Riesen alt und sie bergen Relikte der Urzeit: versteinerte Schnecken, Tintenfische oder Seeigel. Oft liegen die Fossilien am Strand, zu dem Holztreppen hinunterführen. Von hier wirken die Felsen wie eine Kathedrale. Zum Staunen sind auch die Kalkmalereien des Elmelunde-Meisters in den Kirchen von Elmelunde, Fanefjord oder Keldby. Der Unbekannte hat im 15. Jahrhundert eine Art Bilderbibel an die Wände gemalt, in der sich profane mit alltäglichen Motiven mischen. Südlich davon befindet sich Dänemarks größtes Dolmengrab Grønsalen. Genau in Ost-West-Richtung sind 134 wuchtige Steine angeordnet.

Die kleine Insel Møn im Südosten Dänemarks ist für ihre zwölf Kilometer langen Kreidefelsen an der Ostküste berühmt: Wie Kathedralenpfeiler strecken sich die Felsen fast 130 Meter vom Meer bis in den Himmel (links, großes Bild und nachfolgende Panoramaseite). Die krautige Sumpf-Stendelwurz gedeiht vor allem auf kalkhaltigem Boden und kommt in dieser Region daher häufig vor (unten).

SCHWEDEN

Vom südlichen Malmö bis zum nördlichen Haparanda am Bottnischen Meerbusen reicht Schwedens östliche Küste. Kein anderes Land kann einen vergleichbar langen Abschnitt an der Ostsee vorweisen. Hinzu kommen die großen Inseln Gotland und Öland sowie die ungezählten Schären, meist kleine Felsbuckel, die sich aus dem Wasser erheben. Der landschaftliche Reichtum wird von einer Fülle an Kultur ergänzt. Allein die Hauptstadt Stockholm birgt unzählige Schätze, sodass ein kurzer Abstecher kaum zur Besichtigung reicht.

Mal wild, mal lieblich – die Küstenlinie von Schonen, ganz im Süden von Götaland, zeichnet sich durch zahlreiche schöne Sandstrände aus, wie hier in Skåne. Bei Sonnenuntergang, wenn die Wellen auf die Küste treffen, wird es besonders romantisch.

LUND

Die drittgrößte Stadt Schonens ist eine Stadt der Gegensätze, die sich harmonisch zu einem Ganzen vereinen. Historische Bauwerke und eine beeindruckende Stadtgeschichte treffen auf Moderne und auf eine sehr junge Bevölkerung. Rund 40 000 Studenten besuchen die Universität, die bereits im 17. Jahrhundert gegründet wurde und international einen sehr guten Ruf genießt. Sie sorgen für eine bunte Musik- und Theaterszene. Lund erkundet man am besten zu Fuß oder per Rad. Ein Besuch in der Markthalle am Mårtenstorget ist unbedingt zu empfehlen. Nicht nur die vielen kulinarischen Entdeckungen, sondern das gesamte Flair machen den Reiz aus. Einen unvergesslichen Ausflug in die Vergangenheit garantiert das Museum Kulturen im Herzen von Lund. Einige Bauten des Freilichtteils wurden eigens hierher gebracht, andere stehen seit weit über 100 Jahren.

Wenn das Semester beginnt, füllen 40000 Studenten aus Schweden und aller Welt die geschichtsträchtige Stadt mit Leben (großes Bild). Das Universitätsgebäude sowie die dazugehörige Bibliothek (Bilder links unten) stammen aus dem Jahr 1666. Links: Die Altstadt von Lund mit alten Fachwerkhäuschen und Kopfsteinpflastergassen versprüht einen ganz besonderen Charme.

Ende des 20. Jahrhunderts sah es in der drittgrößten Stadt Schwedens nicht gut aus. Werften und Industrieanlagen wurden nicht mehr genutzt und verfielen, die Bewohner zogen weg. Doch Malmö schaffte den Sprung in die Moderne: Mit einem Zentrum für Wissenschaft und Forschung putzten sich verlassene Gebäude wieder heraus, die Öresundbrücke sorgte für Aufschwung. Heute leben rund 300 000 Menschen in der City und so viele Nationalitäten wie sonst nirgends in Schweden. Historische Fachwerkhäuser stehen neben modernen Gebäuden, und gerade das macht Malmö interessant. Vom Rathausplatz Stortorget aus lassen sich alte Prachtbauten in der Altstadt bewundern, im Südwesten sticht der Lilla Torg ins Auge. Der Platz diente im 16. Jahrhundert Händlern als Markt, heute finden sich ringsum kleine Lokale, die ihn zur Ausgehmeile werden ließen.

Alle Straßen in der Provinz Skåne führen in irgendeiner Form nach Malmö. Die Stadt ist Teil der expandierenden Öresundregion und mit der dänischen Hauptstadt Kopenhagen über die gewaltige Öresundbrücke verbunden. Auf dem Gebiet des alten Westhafens ist ein attraktives modernes Geschäfts- und Wohnviertel entstanden. Hier ragt Malmös neues Wahrzeichen, der Turning Torso, 190 Meter in die Höhe (links).

YSTAD

Die Hafenstadt im äußersten Süden Schwedens hat als Heimat der von Henning Mankell geschaffenen Romanfigur des Kommissars Kurt Wallander Weltberühmtheit erlangt. Viele Tausende seiner Fans pilgern alljährlich zu den Orten, an denen Wallander auf Verbrecherjagd ging, die Touristeninformation bietet mittlerweile sogar geführte »Wallander-Krimi-Touren« an. Denn die in den Büchern genannten Straßen und Restaurants existieren wirklich und können im Rahmen dieser besonderen Stadtführungen besichtigt werden. Auch die Filmstudios der Wallander-Krimis lohnen einen Besuch. Ein Bummel durch Ystad ist aber nicht nur für Krimi-Leser ein Vergnügen. Dank eines in sich geschlossenen Ensembles von 300 historischen Fachwerkhäusern aus dem 17. und 18. Jahrhundert zählt der Ort mit seinen 18000 Einwohnern zu den schönsten Städten Schwedens.

Viele der bunten Fassaden in Ystad sind im Sommer pittoresk bewachsen (unten). Wahrzeichen der Stadt ist die Sankt-Maria-Kirche, die in Teilen noch aus dem 13. Jahrhundert stammt (rechts).

ALE STENAR

Heute ist der mythische Ort ein beliebtes Ziel für Touristen, früher war es ein Kultplatz. Ale Stenar, das »schwedische Stonehenge«, eine aus 59 Steinen bestehende Kultstätte, liegt auf einem etwa 37 Meter hohen Hügel direkt an der Ostseeküste beim Ort Kåseberga im Süden Schonens. Die gewaltigen Granit- und Sandsteine stehen aufgerichtet und zeichnen die Silhouette eines Schiffes nach. Schon der Aufstieg auf die grasbewachsene Anhöhe überrascht: Die größten Steine sind mehr als drei Meter hoch, beinahe jeder von ihnen wiegt knapp zwei Tonnen. 67 Meter lang und 19 Meter breit ist die Schiffssetzung und rund 1000 Jahre alt. Damit ist Ale Stenar die größte erhaltene Schiffssetzung in Schweden und eine der populärsten Sehenswürdigkeiten in Skåne. Legenden ranken sich um das Plateau über dem Meer. Vermutet wird eine Verbindung zum Sonnenkalender, da die Sonne zu Mittsommer an der nordwestlichen Spitze des »Schiffes« untergeht und zur Wintersonnenwende gegenüber wieder auftaucht; eine weitere Interpretation besagt, es handle sich um das Grab eines Wikingerhäuptlings. Doch kann diese Theorie stimmen? Ringsum wurden keine Grabstätten gefunden. Doch was hat der geheimnisvolle Ring, den diese 59 Felsen bilden, sonst zu bedeuten? Bislang weiß es niemand genau.

Es ist ein beeindruckender Anblick, der sich vor einem auftut, wenn man den über 30 Meter hohen Hügel Kåsehuvud erklommen hat und der Blick frei wird auf eines der größten frühgeschichtlichen Monumente Skandinaviens.

ALE STENAR

NATIONALPARK STENSHUVUD

Stenshuvud bedeutet so viel wie »steinernes Haupt«, es beschreibt den sagenumwobenen Berg Stenshuvud. Dieser macht den wesentlichen Teil des Nationalparks aus, welcher der am weitesten südlich gelegene Schwedens ist und mit seiner Steilküste beeindruckt. Denn dort, wo der Höhenzug Linderödsåsen in die Ostsee ragt, stürzen die Berghänge fast 100 Meter tief hinab. An dieser Stelle ist das Naturschutzgebiet 1986 eingerichtet worden. Es ist fast vier Quadratkilometer groß und liegt in der Provinz Skåne län. Vom Parkplatz aus bieten sich verschiedene Wandermöglichkeiten an, so führt eine etwa zwei Kilometer lange Tour durch Eichen- und Hainbuchenwälder zum rund 120 Meter hohen Gipfel. Von dort aus öffnet sich ein weiter Blick die über Heidelandschaften. Bei guten Wetterverhältnissen ist von hier aus sogar der Blick bis zur dänischen Insel Bornholm möglich.

Der Nationalpark umfasst ein kleines, aber feines Wandergebiet mit urwaldähnlichen Buchen- und Eichenwäldern. Auf den Heidelandschaften an der Küste gedeihen einige wilde Orchideenarten. Auch die Tierwelt ist hier sehr vielfältig. Wer den Gipfel des Stenshuvud erklommen hat, wird mit einer großartigen Aussicht über die Hanöbucht mit ihren weißen Sandstränden belohnt.

KALMAR

Der 36 000 Einwohner zählende Ort an der der Insel Öland gegenüberliegenden småländischen Küste präsentiert sich als bezaubernde Kleinstadtidylle. Der Stortorget mit Dom und Rathaus bildet den Mittelpunkt des historischen Zentrums, das nach dem Großbrand von 1648 auf der Insel Kvarnholmen neu angelegt und mit Festungsmauern umgeben wurde. Auch das Netz rechtwinklig aufeinander zulaufender Straßen, das das Viertel auch heute durchzieht, stammt aus dieser Zeit. Das in einer historischen Dampfmühle untergebrachte Kalmar Länsmuseum wartet mit den Überresten eines 1676 vor Öland gesunkenen Schiffs der königlichen Marine auf. Der »Schatz« wurde erst 1980 entdeckt und von Archäologen geborgen. Zu sehen sind nicht nur Kanonen, Steuerruder und Navigationsgeräte, sondern auch eine wertvolle Goldmünzensammlung, die in dem Wrack gefunden wurde.

Schmucke Holzhäuschen verleihen Kalmar ein typisches Schweden-Flair (unten links). Der Dom am Stortorget wurde zwischen 1660 und 1699 nach Plänen des Architekten Nicodemus Tessin d. Ä. erbaut (ganz unten links). An dem zentralen Platz befindet sich auch das Rathaus sowie das repräsentative Stadthotel (großes Bild). Ein klassischer Tante-Emma-Laden – in Kalmar gibt es sie noch (links).

KARLSKRONA

Die Hauptstadt der historischen Provinz Blekinge liegt auf einer Insel im Innern des der Küste im Osten der Provinz vorgelagerten Schärengartens. Sie wurde ab 1680 unter Karl XI. als Marinestützpunkt angelegt und in den Jahrhunderten danach immer wieder ausgebaut. Das historische Karlskrona gilt als herausragendes Beispiel eines planvoll angelegten Marinestützpunkts des 17. Jahrhunderts. Große Teile der Bebauung wie die Hafenanlagen, Werften, die Versorgungseinrichtungen und Unterkünfte oder das Kungsholm Fort stehen deshalb seit 1998 auf der UNESCO-Welterbeliste. Karlskronas Straßen und Plätze bestechen durch ihre Weitläufigkeit. Sie verleihen dem heute rund 35 000 Einwohner zählenden Ort eine großstädtische Aura. Der Stortorget, ein riesiger Platz im Zentrum der Stadt, wird von Meisterwerken schwedischer Barockarchitektur gesäumt.

Rechts: Die Trefaldighetskyrka (Dreifaltigkeitskirche) ein nach dem Vorbild des römischen Pantheons errichteter Kuppelbau, stammt von Nicodemus Tessin d. J., dem wohl bedeutendsten Barockbaumeister Schwedens. Davor wacht eine Statue Karls XI. Das Ortszentrum von Karlskrona besticht durch seine schmucken, rot gedeckten Häuser. Viele von ihnen liegen direkt am Meer und haben Ausblick auf den fantastischen Schärengarten (unten).

KARL XI. VON SCHWEDEN

Karl X. Gustav starb 1660 überraschend; er hatte Schweden in seinem kurzen Leben auf einen Höhepunkt der Macht geführt und gilt als einer der kühnsten Feldherren seiner Epoche. Sein Sohn Karl XI. war gerade fünf Jahre alt, als er das große Erbe antreten musste. Zu unerfahren, um zu regieren, ließ Karl die Macht in Händen anderer, vor allem in der von Reichskanzler Magnus Gabriel de la Gardie. Dieser hatte französische Wurzeln und schmiedete ein Bündnis mit Ludwig XIV von Frankreich, das Schweden 1674 dann in den Krieg mit Brandenburg führte. Eine Niederlage konnte in der fünfjährigen Auseinandersetzung nur durch Frankreichs Erfolge vermieden werden. Als Folge dieser Ereignisse übernahm Karl XI. eigenhändig die Führung des Landes und war von 1680 bis zu seinem Tod Alleinherrscher von Schweden. Unter seiner Herrschaft wurde die Flotte verstärkt und die Marinebasis Karlskrona errichtet. Außenpolitisch verfolgte er eine Politik der Konfliktvermeidung. Karl XI. starb nach langer Krankheit am 5. April 1697 in Stockholm. Er liegt in der Riddarholmskirche in Stockholm begraben.

Links: König Karl X. von Schweden hatte deutsche Wurzeln und wurde nur durch die Abdankung seiner Cousine Christina zum König von Schweden ernannt. Sein Sohn Karl XI. (unten) erbte die Krone bereits mit fünf Jahren.

ÖLAND

Seit 1972 ist die Insel Öland mit dem Festland verbunden. Die sechs Kilometer lange Brücke führt über den schmalen Kalmarsund, der das beliebte Sommerziel vom Festland trennt. Aufgrund seiner zahlreichen Sandstrände bietet sich Öland optimal für einen Badeurlaub an, auch die schwedische Königsfamilie verbringt hier gern ihren Sommerurlaub. Das flache Eiland lädt zu Radtouren ein, die zu den Wahrzeichen der Insel, den Windmühlen, führen. Einst gab es 2000 davon, heute sind noch 400 erhalten. Die Natur ist von kargem Charme und wirkt südländisch. Die einzigartige Heidelandschaft, Stora Alvaret, wächst auf einem Bett aus Kalkstein. Weder Bäume noch Büsche können sich hier halten. Sehenswert: die Rekonstruktion der Burg Eketorp, in der man den Alltag vor rund 1500 Jahren erleben kann, sowie das Gettlinge-Grabfeld für Archäologiefans.

Beide Bilder: Das Gräberfeld Gettlinge ist mit einer Länge von fast zwei Kilometern eines der größten Gräberfelder auf der schwedischen Insel Öland. Es durchzieht im Süden der Insel die Dörfer Gardstorp, Gettlinge und Klinta. Auf dem Areal gab es ursprünglich etwa 250 Gräber, heute sind noch etwa 200 erhalten. Die meisten von ihnen stammen aus der jüngeren Bronze- und Eisenzeit.

NATIONALPARK BLÅ JUNGFRUN

Der Sage nach treiben auf dieser sich einsam aus dem Meer erhebenden Insel Hexen und Zauberer ihr Unwesen. Lange mieden Seefahrer deshalb die Gewässer rund um die unbewohnte Insel, die für die Schweden so etwas wie der Blocksberg ist. Die ungewöhnliche, graublaue Silhouette der »Blauen Jungfrau« erhebt sich 86 Meter hoch aus dem Wasser des Kalmarsunds – große, verblockte Granitfelsen, die das Eis im Laufe von Jahrtausenden glatt poliert hat. Schroffe Felsen im Norden und üppige Edellaubwälder im Süden bieten Pflanzen und Tieren abwechslungsreichen Lebensraum. Die Wälder besiedeln seltene Käferarten, den Luftraum beherrschen Seeadler und Strandpieper. Gryllteisten, die zur Familie der Alkenvögel gehören, sind auf der Insel heimisch. Ein kulturhistorisches Denkmal, das 1745 zum ersten Mal erwähnt wurde, hinterließ der Mensch in Form eines Steinlabyrinths.

Gryllteisten sind nicht nur gute Taucher, sondern auch geschickte Flieger (unten links). Unten rechts: Auch Kampfläufer finden hier ein reiches Nahrungsangebot.

NATIONALPARK GOTSKA SANDÖN

Wer mit dem Boot hierher fährt, landet direkt am Strand. Denn auf dieser kleinen Insel in der Ostsee gibt es keinen Hafen. Das Eiland ist eines der abgeschiedensten Fleckchen inmitten der Ostsee. Der Nationalpark liegt auf der gleichnamigen Insel Gotska Sandön nördlich von Gotland. Nur 85 Kilometer trennen ihn vom schwedischen Festland, dennoch wirkt das Eiland einsam, mutet eher karg an und zeigt sich aus der Entfernung recht flach. Doch beim Erkunden fällt auf, wie hügelig die Insel eigentlich ist. Lange Sandstrände und viel Kies, dahinter mit Gras bewachsene Dünen und Kiefernwald sind die Naturelemente, die diese Insel und das Schutzgebiet landschaftlich prägen. Der beständige Wind hat die Insel geformt und tut das auch heute noch unablässig. Hunderte Insektenarten leben in dem Naturschutzgebiet, außerdem eine streng geschützte Robbenkolonie.

Der beständig blasende Wind türmt die Sanddünen der Insel teilweise bis zu 40 Meter hoch auf. Das Erscheinungsbild der Landschaft ist deshalb im ständigen Wandel (rechts). Unten: Kegelrobbenheuler finden hier Schutz.

NATIONALPARK BLÅ JUNGFRUN

NATIONALPARK GOTSKA SANDÖN

MIDSOMMAR

Die »Weißen Nächte« sind magisch. Getrocknete Mittsommerblumen und Tau, der am Morgen des Mittsommertags gesammelt wird, heilen fast alle Krankheiten. Zumindest nach altem nordischem Glauben. Baden sollte jedoch niemand an diesem Tag – zumindest nicht in der Natur. Denn der Wassergeist Neck geht dann um, spielt wunderschön auf seiner Violine und lockt damit Menschen an. Einmal im Wasser, finden sie dort ihr nasses Grab.

Romantische Seiten hat die Woche vom 20. bis 26. Juni aber auch: Viele Paare heiraten, wenn die Sonne gar nicht oder wie im Süden Schwedens gerade einmal für zwei Stunden in der Nacht untergeht. Tänze werden aufgeführt, Trachten getragen und alles ist mit Blumen geschmückt. Das Land begrüßt seinen Sommer und feiert ihn rund um die Uhr. Wie Weihnachten ist es ein Fest für die ganze Familie, ans Schlafen denkt niemand. Einst war es für Knechte und Mägde der einzige freie Tag im Jahr, an dem sie feiern oder jemanden kennenlernen konnten – diese Tradition ist bis heute lebendig geblieben. Astrid Lindgren selbst hat übrigens die Anleitung fürs Verlieben gegeben: Mädchen sammeln nach dem Tanzen sieben verschiedene Feldblumen und legen sie unter ihr Kopfkissen. Der Sage nach träumen sie in dieser Nacht von ihrem zukünftigen Mann.

Neben Weihnachten ist Midsommar der wichtigste Tag im Kalender des schwedischen Volkes. Frauen und Männer, Kinder und Großeltern begehen zusammen den längsten Tag des Jahres. Am Mittsommertag schmückt man sich mit Blumenkränzen, tanzt um die ebenfalls geschmückte »midsommarstång«, isst Hering und Zimtschnecken und feiert ausgelassen den Zenit des kurzen schwedischen Sommers.

Gotland ist vor allem eine Insel für Golfer. Wer entspannt abschlagen oder den Sport erst noch lernen will, ist hier richtig. Günstig ist es noch dazu: Green Fee zu Schnäppchenpreisen, und sogar Hunde dürfen angeleint mit auf den Platz. Doch die mit 3140 Quadratkilometern größte Insel der Ostsee hat noch viel mehr zu bieten. Geologisch gesehen, hat das Eiland eine echte Vergangenheit, ist Gotland doch rund 400 Millionen Jahre alt und einst aus einem Korallenriff entstanden. Zu Wahrzeichen sind die seltsam geformten Felsennadeln, die »Raukar«, geworden. In der letzten Eiszeit entstanden, haben Wind und Wetter sie bizarr geschliffen. Kein Wunder, dass sich Mythen um sie ranken. Mit etwas Fantasie lassen sich sogar Gesichter in ihnen erkennen. Auch das Klima ist einzigartig für Schweden: So warm und sonnig ist es sonst nirgends, sogar Orchideen gedeihen hier.

Das Freilichtmuseum Bunge ist eines der größten seiner Art in Schweden. Zu sehen ist u. a. eine Hofanlage aus dem 17. Jahrhundert (links). Unten: Eine der schönsten Küsten Gotlands ist die an der Westküste gelegene Küste Eksta, die sich vom Kap Hammarudda nach Norden zieht. Die Ekstakusten ist geprägt von Kieselstränden und bizarren Kiefern, die sich dem Wind beugen, aber nicht brechen.

Visby ist die »Stadt der Rosen und Ruinen«. Dank des milden Klimas blühen sie überall, und Ruinen gibt es hier auch viele. Denn von den einst 17 Kirchen steht nur noch eine, die restlichen sind verfallen. Schuld daran war ein Brand im Jahr 1525, der fast die ganze Stadt zerstörte. Nur etwa 150 Häuser blieben verschont und gehören nun zum UNESCO-Weltkulturerbe. Sie vermitteln noch heute einen Eindruck von der mittelalterlichen Hansestadt. Visbys größter Schatz ist die Stadtmauer: Mehr als drei Kilometer lang und im 13. Jahrhundert errichtet, umgibt sie beinahe die gesamte Altstadt. Das schafft eine romantische Atmosphäre in den kleinen Kopfsteinpflastergassen mit Straßencafés und gepflegten, urigen Häuschen. Ein Tipp: Der botanische Garten von Visby ist berühmt für seine Rosen, Magnolien, Bäume und die verwunschene, von Efeu umrankte Ruine der Sankt Olofskyrka.

Die Hansestadt Visby wurde bereits 1805 unter Denkmalschutz gestellt, seit 1995 ist sie mit ihren zahlreichen mittelalterlichen Bauten Teil des Weltkulturerbes der UNESCO. Links: Der bestens erhaltene, 3,6 Kilometer lange Mauerring umkreist die gesamte Stadt und besitzt 44 Türme. Unten: Die dreitürmige Domkirche ist die einzige historische Kirche der Stadt, in der noch Gottesdienste abgehalten werden.

RAUKAR – STEINERNE RIESEN

Vor allem an den Küsten von Gotland, aber auch in den Wäldern im Landesinneren ragen bizarre, bis über zehn Meter hohe Kalksteinsäulen, im Schwedischen »Raukar« genannt, in den Himmel. Carl von Linné verglich die zumeist bizarren Steinskulpturen einmal mit »Statuen, Pferden und allerlei Geistern und Teufeln«. Ihrem teilweise märchenhaften Aussehen verdankt das Eiland eine Menge Legenden. Fantastische Fotomotive sind die Rauksteine allemal. Die sehenswertesten Exemplare stehen im Norden von Gotland und auf Fårö. Die »Jungfrau« an der Steilküste bei Lickershamn ist mit sieben Metern der größte Rauk Gotlands, weitere findet man in den Kiefernwäldern. Der bekannteste Rauk ist der an der Südwestspitze in Hoburgen befindliche »Hoburgsgubben« (»Hoburg-Greis«). Auf Fårö sollte man sich das mehrere Kilometer lange Naturreservat Digerhuvud nicht entgehen lassen. Die Rauksteine stehen hier in großer Zahl und unterschiedlichsten Formen zum Teil im Wasser. Auch im Naturreservat Langhammars auf Fårö findet man ein großes Raukgebiet. Der Kalkstein, aus dem die Rauken bestehen, entstand übrigens vor rund 490 Millionen Jahren aus einem Korallenriff. Zu jener Zeit waren das heutige Baltikum und die Ostseeinseln von einem tropischen Ozean bedeckt.

Die Raukar im Naturreservat Langhammars auf Fårö gleichen riesigen steinernen Figuren, die am Strand den Sonnenuntergang betrachten (links). Die schönsten Rauk-Exemplare findet man auf der im Norden vor Gotland liegenden Insel Fårö in den Naturschutzgebieten Langhammars und Gamle Hamn. Dort steht auch der sogenannte Hund – von den Schweden »Tasse« genannt (Bildleiste oben).

STOCKHOLM

Stockholm, die schwimmende Stadt: Sie liegt an der Mündung des Mälaren in die Ostsee, erstreckt sich über 14 Inseln, die durch 57 Brücken miteinander verbunden sind, und ist umgeben von Meerengen, Kanälen und nicht weniger als 30 000 vorgelagerten Schäreninseln. Ihr Name bedeutet übersetzt »Pfahl-Insel«. Hier ragten vor rund 6000 Jahren nur ein paar Eilande aus dem Wasser. Später hob sich das Land und gab mehr von sich preis. Offizielle Hauptstadt Schwedens wurde Stockholm erst im 17. Jahrhundert. Heute erzählen ihre imposanten öffentlichen Gebäude, die zahlreichen Schlösser und Museen eine 700 Jahre alte Geschichte. Damals wie heute steht außer Zweifel: Den ganzen Charme dieser mittlerweile auf zwei Millionen Einwohner angewachsenen, großflächigen Metropole macht ihre Lage am Wasser aus.

Stockholm gilt als sauberste Stadt Europas. Sogar mitten im Zentrum kann man baden, surfen und Lachse angeln. Die Stadt ist umgeben und durchzogen von Wasser. Besonders an den zahlreichen Uferpromenaden wird einem die einmalige Lage von Stockholm immer wieder bewusst gemacht: eine Stadt, halb Land, halb Wasser, gelegen in einem Gewirr von Inseln.

FOREX BANK

STOCKHOLM: KÖNIGLICHES SCHLOSS

Auf der Altstadtinsel Stadsholmen liegt das mächtige Königliche Schloss. Es wurde nach Plänen des 1728 verstorbenen Hofarchitekten Nicodemus Tessin im italienischen Barockstil errichtet. Hier befinden sich die Büros des schwedischen Königs Carl XVI. Gustaf und anderer Mitglieder der königlichen Familie. Das Schloss dient dem König zu repräsentativen oder zeremoniellen Zwecken während der Ausübung seiner Pflichten als Staatsoberhaupt. Bewohnt wird es nicht mehr, seit die Königsfamilie 1982 den bisherigen Sommersitz, das Schloss Drottningholm, als Hauptwohnsitz bezog. Wenn kein Staatsbesuch ansteht, gibt es Führungen durch die offiziellen Säle, durch die Schatz- und Rüstkammer sowie durch die Schlosskirche. Eine beliebte Attraktion ist die Wachablösung der königlichen Leibgarde im Yttre Borggården auf der Westseite des Schlosses.

605 Zimmer soll das Schloss haben, eines mehr als der Buckingham Palace in London. Die Zimmer verteilen sich auf sieben Etagen. Damit ist das Stockholmer Königsschloss eines der größten Schlösser Europas. Ein großer Teil der Einrichtung ist im Rokokostil gehalten.

STOCKHOLM: SCHLOSS DROTTNINGHOLM

Hier steht Kriegsbeute: der Herkulesbrunnen vor Schloss Drottningholm. Auch andere Skulpturen im Park können eine ähnlich bewegte Vergangenheit aufweisen, doch heute ist das Schloss in erster Linie der Wohnsitz der Königsfamilie. 1690 im Stil französischer und holländischer Vorbilder erbaut, ließ Kronprinzessin Lovisa Ulrika einige Gebäudeflügel mit Rokokoräumen errichten. Seit 1991 ist Drottningholm UNESCO-Weltkulturerbe. Es ist das am besten erhaltene Schloss des Landes und steht gerade einmal elf Kilometer westlich von Stockholm auf der kleinen Insel Lovön im Mälarsee. Der größte Teil des Anwesens ist für Besucher geöffnet, nur die Privatgemächer von Königin Silvia und Carl XVI. Gustaf nicht. Wegen der Kinder waren sie 1982 aus Gamla Stan aus- und vor die Tore der Stadt gezogen. Die Eltern pendelten zur Arbeit und die Kinder besuchten öffentliche Schulen.

Schloss Drottningholm wird nicht nur von außen vom Barockzeitalter geprägt, auch in seinem Inneren erstrahlt alles im barocken Glanz. An das Schloss grenzt eine schöne, weitläufige Parkanlage mit schattigen Lindenalleen und zahlreichen Wasserflächen.

STOCKHOLM: KÖNIGLICHES SCHLOSS

STOCKHOLM: SCHLOSS DROTTNINGHOLM

STOCKHOLM: NORRMALM

Breite Straßen und geschäftiges Treiben: In Norrmalm blieb in den 1950er-Jahren kaum ein Stein auf dem anderen. Der Grund dafür war der Bau der U-Bahn, der zur sogenannten Norrmalmsregleringen, der Sanierung von Norrmalm, führte. Hochhäuser und moderne Glasfassaden geben diesem Stadtteil ein ganz anderes Gesicht, als er ursprünglich hatte. 750 Gebäude wurden abgerissen und das gesamte Viertel komplett neu strukturiert. Es ist eben nicht alles pure Nostalgie in Stockholm und Umgebung. Dafür pulsiert hier heute das Leben, es gibt viele große Geschäfte, aber auch Luxusläden in den Einkaufsstraßen. Abends ist richtig viel los: Dann erwachen Kungsgatan, Sveavägen und Birger Jarlsgatan zum Leben und verwandeln sich in echte Flaniermeilen. Restaurants, Bars, Kinos – hier finden Einheimische und Besucher alle erdenklichen Unterhaltungsangebote. Kultur gibt es natürlich auch: Das Kulturhuset dient dabei als Forum für Ausstellungen und Stadttheater, es hat eine Bibliothek und mehrere Cafés.

Zentraler Platz in Norrmalm ist der Sergels torg. Sein Markenzeichen ist der hohe Glasobelisk, der in den Abendstunden zu leuchten beginnt (unten). Die Stockholmer U-Bahn ist eine gigantische Kunstgalerie, wie an der Station von T-Centralen zu sehen (rechts).

Alle Wege führen in die Altstadt, nach Gamla Stan. Sie ist das Herz Stockholms und verteilt sich auf drei Inseln: Stadsholmen mit dem Schloss, die Ritterinsel Riddarholmen und die Heilig-Geist-Insel Helgeandsholmen mit dem Reichstag. Viele der Gebäude in den Kopfsteinpflastergassen stammen aus dem 17. Jahrhundert, obwohl dieser Stadtkern bereits im Jahr 1252 gegründet wurde. Zwischen den beiden Hauptachsen Västerlånggatan und Österlånggatan verlief einst die Stadtmauer. Gamla Stan hat viele Cafés, Geschäfte und Sehenswürdigkeiten. Die Hauptattraktion für Touristen ist natürlich das Schloss: Mit mehr als 600 Zimmern gehört es zu den größten der Welt und beherbergt einige schöne Museen. Einplanen sollte man auch einen Besuch im Nobelmuseum. Und noch einen Superlativ kann Stockholms Altstadt für sich beanspruchen: Sie gehört zu den besterhaltenen überhaupt.

Winzige, verwinkelte Gassen, schummrige Hinterhöfe und zahlreiche Geschäfte, Cafés und Restaurants – Stockholms Altstadt bezaubert in jeglicher Hinsicht. Unten: Der Mittelpunkt des Viertels ist der Stortorget, einst der Hauptplatz der Stadt. Er wird geschmückt von schmalen Bürgerhäusern mit stattlichen Renaissancefassaden. Auch befinden sich hier die Schwedische Akademie und die Nobel-Bibliothek.

STOCKHOLM: STORKYRKAN

Strahlende Augen, die ein paar Tränen der Rührung wegzwinkern, ein langes weißes Kleid mit Schleier und zahlreiche Blumenkinder. Millionen Zuschauer auf der ganzen Welt verfolgten, wie sich Kronprinzessin Victoria und Daniel Westling am 19. Juni 2010 in der Stockholmer Domkirche, der Storkyrkan, das Jawort gaben. Auf den Tag genau 34 Jahre nach Königin Silvias Thronbesteigung. Die Hochzeits- und Krönungskirche der schwedischen Monarchen ist das älteste Gotteshaus der Stadt und liegt nur ein paar Schritte vom Stortorget und dem Nobelmuseum entfernt am Ende der steilen Auffahrt Slottsbacken. Ihre Barockfassaden täuschen zunächst über das Innere hinweg: Das Bauwerk ist ganz und gar eine spätgotische Hallenkirche.

Südwestlich des Schlosses erhebt sich die mächtige Storkyrkan, die Große Kirche. Die Anfänge des Gotteshauses lassen sich bis 1279 zurückverfolgen. Der fünfschiffige Backsteinbau zeichnet sich durch eine reiche Innenausstattung aus. Sehenswert sind die Plastik »St. Georg und der Drache« sowie das Gemälde von der »Vädersolstavlan«, einer Himmelserscheinung von 1535.

STOCKHOLM: RIDDARHOLMEN

Auf Riddarholmen, der »Ritterinsel«, bauten die Adligen im 17. Jahrhundert ihre Paläste. Heute werden die prachtvollen Räume von Behörden genutzt. Eines der schönsten Herrenhäuser hat runde Türme an seinen Ecken und ist der Wrangelska Palatset mit Sitz des Svea Hovrätt, dem Gerichtshof. Riddarholmen ist mittlerweile zur Justizinsel des Landes geworden, es hat aber auch eine Kirche: die Riddarholmskyrkan. Die dreischiffige Backsteinkirche wurde zwischen 1280 und 1300 im gotischen Stil auf dem Gelände eines Franziskanerklosters gebaut und ist die Begräbniskirche der schwedischen Könige. Die Gräber im Inneren lesen sich daher auch wie das Who's who der schwedischen Regenten: Von Magnus Ladulås (1275–1290) bis Gustav V. (1907–1950) fehlen nur wenige gekrönte schwedische Häupter. Die Kirche selbst steht direkt am Birger Jarls Torg, einem prachtvollen kopfsteingepflasterten Platz, der herrschaftliches Flair verströmt.

Der hohe Westturm der Riddarholmskyrkan hat eine Spitze aus durchbrochenem Gusseisen und ist ein markanter Blickfang der Stockholmer Stadtsilhouette.

STOCKHOLM: SKANSEN

Skansen auf der Halbinsel Djurgården ist eines der größten Freilichtmuseen der Welt und eines der beliebtesten Ausflugsziele in Stockholm. Das Freilichtmuseum geht auf den schwedischen Philologen und Ethnografen Dr. Artur Hazelius (1833 bis 1901) zurück. Dieser wollte schwedische Kulturgeschichte auf eine ganz neue, spannende Weise präsentieren. Statt seine umfangreichen Sammlungen aus dem Leben von Bauern, Arbeitern, Stadtbürgern und Herren in einem herkömmlichen Museum auszustellen, zeigte er die Gegenstände in ihrem ursprünglichen Zusammenhang. So entstand im Jahr 1881 das erste Freilichtmuseum der Welt, das Freilichtmuseum Skansen. Heute kann man hier zahlreiche schwedische Milieus aus vergangenen Zeiten erleben: Bauernhöfe, eine Kirche, ein kleines Stockholmer Stadtviertel, einen Herrenhof, mehrere Handwerker-Werkstätten. Dazu gibt es Spielplätze, einen kleinen Zoo, einen Zirkus sowie einen Aussichtsturm.

In Skansen ist für jeden etwas geboten, sogar Heiratswillige finden in der Seglora kyrka aus dem frühen 18. Jahrhundert einen beliebten Ort für Trauungen (links).

STOCKHOLM: STADSHUSET

Das Stadshuset am Ufer des Riddarfjärde ist eines der markantesten Wahrzeichen Stockholms. Der dunkelrote Klinkerbau mit seinen grün patinierten Kupferdächern wurde in den Jahren 1911–1923 errichtet. Den golden glänzenden Rathausturm in der Südostecke, immerhin 106 Meter hoch, zieren an seiner Spitze die drei Kronen des Stadtwappens. Das Gebäude an sich ist aus dunkelroten Klinkern und aus angeblich acht Millionen Ziegelsteinen errichtet. Mit dem Aufzug können Besucher hinauffahren und von einer Plattform aus den Rundumblick genießen. Ansonsten tagt hier das Stadtparlament. Zweimal pro Monat treffen sich die Stadtverordneten im Ratssaal, der einem Wikinger-Langhaus nachempfunden ist. Auch Führungen sind möglich: Dabei bekommen Besucher den »Blauen Saal« gezeigt. Der ist zwar nicht blau, dafür aber der festliche Ort für die Nobelpreis-Gala.

Imposant geht es auch im Inneren des Gebäudes zu: Der byzantinisch inspirierte »Goldene Saal« beeindruckt nicht nur durch sein monumentales Wandmosaik »Königin des Mälarsees« (links). Auch das Deckengewölbe und die mächtigen Statuen faszinieren.

MÄLAREN

Der bis an Stockholm reichende See ist der drittgrößte Schwedens und ein wichtiges Trinkwasserreservoir. Sein Ufer ist durch eine Vielzahl von Buchten und Wasserarmen stark gegliedert. Die vielfältigen Wassersportmöglichkeiten locken am Wochenende zahlreiche Großstädter an. Viele Stockholmer besitzen hier ein Ferienhaus. Bis ins 10. Jahrhundert war der Mälaren eine Ostseebucht. Im Verlauf einer Landanhebung, die mit dem Rückzug der Gletscher nach der letzten Eiszeit einsetzte und bis heute andauert, wurde er vom Meer getrennt. Heute ist er durch drei Schleusen mit der Ostsee verbunden. Trotz seiner Nähe zu der Metropole ist der Mälaren ein wahres Naturparadies. Drei der Inseln im See warten mit UNESCO-Welterbestätten auf: das Barockschloss Drottningholm auf der Insel Lovön, die wikingerzeitlichen Plätze Birka auf Björkö sowie Hovgården auf Adelsön.

Viele Stockholmer besitzen am Mälaren ein Sommerhaus – natürlich mit eigenem Boot. Dennoch finden sich an dem See aufgrund seiner Größe auch noch viele unberührte Regionen mit einer wunderschönen Natur.

NATIONALPARK TYRESTA

NATIONALPARK TYRESTA

Es ist kaum zu glauben, dass die Hauptstadt Stockholm nur 20 Kilometer entfernt liegt, wenn man durch den Urwald des Tyresta-Nationalparks wandert: Dunkle und karge Kiefernwälder, die eher an noch viel weiter nördlich gelegene Regionen erinnern, erstrecken sich in einem felsigen Hügelland, das vom Inlandeis der Eiszeit geschliffen wurde. In den Spalten des ehemaligen Felsengebirges haben sich Sandflächen und Seen gebildet. Umgeben wird der Nationalpark vom Naturschutzgebiet Tyresta, für das es zwar weniger strenge Verhaltensregeln gibt, das aber dennoch negative Einflüsse vom Nationalpark wie ein Schutzwall abschirmt. Sehr zur Freude der etwa 80 Vogelarten, die hier heimisch sind, unter ihnen Auerhahn, Spechte und Eulen. Sie prägen das Erscheinungsbild der Landschaft aktiv mit. Am Eingang des Nationalparks befindet sich ein Informationszentrum, auch gibt es einen Bauernhof, auf dem seltene schwedische Haustierrassen gehalten werden.

Über einen rund drei Kilometer langer, botanisch interessanten Naturlehrpfad kann man den Nationalpark bestens »erlaufen«.

STOCKHOLMER SCHÄRENARCHIPEL

Von Schwedens pulsierender Hauptstadt Stockholm aus erstreckt sich der Schärenarchipel in einer Vielzahl kleiner Inseln hinaus ins Meer. Einige der größeren sind gerade im Sommer perfekte Rückzugsmöglichkeiten für Ausflüge, zum Entspannen oder für fröhliche Sommerfeste. Die Insel Utö zum Beispiel lädt zum Baden und zu Fahrradtouren ein, und Sandön ist ein beliebtes Ziel für Bootstouristen. Auf Kymmendö und Dalarö residierte einst der berühmte Schriftsteller August Strindberg. Die Insel Dalarö ist über eine Brücke vom Festland aus zu erreichen. Nur etwa 150 Inseln sind dauerhaft bewohnt, viele der mitunter weniger als zwei Quadratkilometer großen Eilande sind völlig naturbelassen und bekommen lediglich von Vögeln oder Meeresbewohnern Besuch. Fischadler beispielsweise bevölkern die ausgedehnte Insellandschaft, genauso wie Robben und Seehunde.

Kein Mensch wird jemals alle Inseln unc Inselchen des Stockholmer Schärengartens besuchen können. Es sind schlicht zu viele. Für die Stockholmer und andere Schweden st es jedoch selbstverständlich, mit einem kleinen Segelboot durch das Revier zu manövrieren und an den schönsten Plätzen innezuhalten. Man nehme ein paar rote Holzhäuschen und einen Leuchtturm – fertig ist das perfekte Ferienidyll.

NATIONALPARK ÄNGSO

Mitten in der Inselwelt des Stockholmer Schärengartens, auf dem kleinen Eiland Ängsö, liegt der älteste Nationalpark des Landes. Im 17. Jahrhundert fand man an dieser Stelle noch zwei Inseln, die aufgrund der aktiven Landerhebung aber im Laufe der Zeit zu einer einzigen zusammenwuchsen. Der Nationalpark ist nur per Boot zu erreichen, und sobald man an Land geht, fühlt man sich zurückversetzt in das Schweden aus einer früheren Zeit: Hier ist die Natur noch so erhalten, wie der Mensch sie im 19. Jahrhundert angelegt hat. Auf den Wiesen und Äckern blühen Orchideen und Königslilien in all ihrer Pracht und machen diesen Nationalpark in Frühjahr und Sommer zu etwas ganz Besonderem. Ein Teil des Parks ist Vogelschutzgebiet und bietet vielen Vogelarten damit geschützte Rückzugsorte, die sich teilweise in Laub- und Nadelwäldern befinden.

Blumenparadies in Stadtnähe: Wer den Nationalpark Ängsö von Stockholm aus erreichen will, braucht unbedingt ein Boot. Rotes Holunder-Knabenkraut (rechts) wächst hier in Hülle und Fülle.

OSTSEEFISCHE

Die Ostsee ist das weltweit größte Brackwassermeer. In ihr vermischt sich das salzhaltige Meerwasser, das über das Kattegat von der Nordsee strömt, mit dem Süßwasser, das aus den zahlreichen in die Ostsee mündenden Flüssen stammt. Deshalb sind heute in der Ostsee neben 97 Meeresfischarten auch 40 Süßwasserfischarten sowie sieben Wanderfischarten vertreten. Viele dieser Tiere leben hier an der Grenze ihres Verbreitungsgebiets. Heringe und Sprotten ziehen als große Schwärme durch die offene Ostsee. Der Hering ernährt sich auch von den Eiern des Dorschs, wie der in der Ostsee lebende Kabeljau bezeichnet wird. Dieser ist wie der Hering ein bedeutender Speisefisch, lebt aber im Gegensatz zu ihm in der Nähe des Meeresgrunds. Dort sind auch die Scholle und die Flunder zu Hause. Als Plattfische graben sie sich gerne in den sandigen Meeresboden ein. Andere Meeresfische wie der Sandaal, die Aalmutter und der Butterfisch bevorzugen die küstennahen Gewässer als Lebensraum. Auch die meisten Süßwasserfische meiden den offenen Seebereich. Hecht und Plötze treten ebenso wie Stichling, Fluss- und Kaulbarsch an nahezu allen Küstenabschnitten der Ostsee auf. Wanderfische wie Lachs und Meerforelle dagegen besiedeln auch das offene Meer. Nur zum Laichen ziehen sie sich in die Flüsse zurück.

Ein beliebter Speisefisch ist die Flunder, die als Einzelgängerin lebt (unten rechts). Eher für das Aquarium statt für den Teller eignet sich der bläuliche Dreistachlige Stichling (rechts).

NATIONALPARK ÄNGSO

OSTSEEFISCHE

SCHLOSS GRIPSHOLM

Eine leichte Liebesgeschichte sollte es werden, letztlich verlieh Kurt Tucholsky ihr aber auch melancholische Züge und würzte sie mit einer erotischen Eskapade – was Anfang des 20. Jahrhunderts freizügig wirkte. »Schloß Gripsholm, eine Sommergeschichte« lautet der Titel der Erzählung, die das schwedische Anwesen 1931 im deutschen Sprachraum berühmt machte. »Das Schloß Gripsholm strahlte in den Himmel; es lag beruhigend und dick und bewachte sich selbst.« So beschrieb Tucholsky das rote Backsteinschloss auf der Insel im Mälarsee. Es ist eine typische Wasa-Burg mit wuchtigen Rundtürmen und von einer riesigen Mauer umringt. Die Idee zum Bau hatte Reichsrat und Namensgeber Bo Jonsson Grip schon 1380 – Gustav Wasa ließ 1537 die Festung errichten. Bis heute hat sich das Schloss seinen wehrhaften Charakter bewahrt.

SCHLOSS GRIPSHOLM

Das auf einer Insel im Mälarsee gelegene Schloss gehört zu den bekanntesten Bauwerken Schwedens (unten). Im Schloss ist heute die Staatliche Porträtsammlung mit einer der umfangreichsten Sammlungen von Porträtzeichnungen untergebracht. Sie umfasst mehr als 2000 Gemälde (ganz links). Im Erdgeschoss befinden sich zahlreiche Schauräume, die man besichtigen kann (links).

UPPSALA

Anders Celsius legte hier die Temperatureinteilung fest und Carl von Linné die Grundlagen der Botanik. Wissenschaft hat in Uppsala eine lange Tradition, und die ehrwürdige Atmosphäre der Universitätsstadt ist hier überall spürbar. Im Jahr 1477 wurde die damals nördlichste Universität der Welt in Uppsala gegründet, sie ist damit die älteste Skandinaviens. Nur der Dom hat ihr ein bisschen den Rang abgelaufen. Mit 302 000 Einwohnern ist Uppsala die viertgrößte Stadt Schwedens, ruhig ist es nur während der Semesterferien. Die Hauptstadt Upplands liegt 70 Kilometer nordwestlich von Stockholm an den Ufern des Flusses Fyrisån. Früher spielten Hafen und Handel eine große Rolle, heute laden am Ostufer Cafés und Geschäfte zum Flanieren und Shoppen ein. Der zweite Teil der Innenstadt liegt westlich des Fyrisåns: der kirchlich-akademische Bereich mit Dom und Universität.

»Ein Student aus Uppsala-la-la-la-la«, sang die Norwegerin Kirsti Sparboe 1969 in den deutschen Hitparaden. Das Lied wurde zu einem Gassenhauer. Ganz links: Mitten durch Uppsala fließt der Fyrisån, rechts und links laden Lokale und Cafés zum Verweilen ein. Unten links: Der Dom von Uppsala ist dreischiffig, das Mittelschiff stark überhöht. Unten rechts: Die Universität von Uppsala ist die älteste Nordeuropas.

HÖGA KUSTEN

Dass die Erde stets in Veränderung begriffen ist, kann sich mancher schwer vorstellen. An der Höga Kusten, der Hohen Küste, zeigt sich eindrucksvoll, wie die Landmasse sich hebt, seit sie den drei Kilometer dicken Panzer los ist, der sie bis vor etwa 10 000 Jahren nach unten drückte. Bis auf 286 Meter hat sie es bisher gebracht und ist damit die höchste Küstenlinie der Welt. Seit 2000 steht die Höga Kusten auf der Liste der Naturphänomene und ist UNESCO-Welterbe. Über die Hälfte des Gebietes liegt an der Ostsee und ist ein Wanderparadies. Zum Beispiel der knapp 130 Kilometer lange Höga Kusten Leden oder der Nationalpark Skuleskogen mit der berühmten Höllenschlucht, der Slåttdalsskrevan, bekannt aus dem Film »Ronja Räubertochter«. Unbedingt besuchen: die 80 Kilometer nördlich von Sundsvall gelegene Brücke, die die Mündung des Ångermanälv überspannt.

Rund 93 Zentimeter wird der Untergrund pro Jahr hier angehoben, und der Vorgang hält noch weiter an. Durch die Landanhebung entstand eine einmalige wilde Hügellandschaft, die zu wunderschönen Wandertouren einlädt – Panoramablicke auf die Ostsee sind inklusive.

NATIONALPARK SKULESKOGEN

Karg und rau zeigt sich die Natur im Nationalpark Skuleskogen, im bergigen Hinterland der Höga Kusten. Meer und Inlandeis haben tiefe Täler in die Landschaft gesprengt, die spektakuläre Ausblicke ermöglichen. Zum Beispiel in der Schlucht Slåttdalsskrevan, die sich als nur sieben Meter breite Spalte rund 200 Meter lang durch die Landschaft zieht. Senkrecht ragen ihre Wände zu beiden Seiten 40 Meter in die Höhe – ein imposantes Naturschauspiel. Am Ende des mit Gesteinsbrocken gespickten Weges wartet der See Tärnättvattnen. Die beinahe urwaldartigen dichten Wälder des Nationalparks entlang der Küste sind einzigartig in Schweden und vermitteln eindrucksvoll eine Ahnung davon, dass das Land einst sozusagen dem Meer entstiegen ist. Zum Glück hat sich diese Region von den radikalen Abholzungen erholt, denen sie Mitte des 19. Jahrhunderts zum Opfer gefallen war.

Markante, felsige Bergkuppen, Kiefernwälder, tiefe, durch Inlandeis überformte Täler sowie ruhige Bergseen prägen den Park. Kleine Bilder im Uhrzeigersinn: Schlucht Slåtterdalskrevan, Wald-Storchschnabel, Wiesen-Storchschnabel, kleiner Wasserfall.

NATIONALPARK SKULESKOGEN

UMEÅ

Umeå ist die heimliche Hauptstadt Nordschwedens. Sie sprüht vor Kreativität und Kultur, pflegt gleichzeitig jedoch eine Grundhaltung von Bescheidenheit, Ruhe und Gelassenheit. Die Lage an der Ostsee machte den Ort schon früh zu einem günstigen Handelsplatz, doch selbst 1622, als Umeå die Stadtrechte verliehen wurden, lebte hier kaum mehr als eine Handvoll Menschen. Im 19. Jahrhundert kam die Industrie, Papierfabriken und Werften entstanden. Dann der nahezu alles zerstörende Brand von 1888, in dessen Folge man breite Straßen anlegte und Birken pflanzte, die mit ihrem feuchten Holz als natürlicher Brandschutz galten. Noch immer nennt man Umeå daher »Stadt der Birken«. Ihr junges Herz schlägt in der Designuniversität, Kunst in jeglicher Form findet man im Kulturhaus Väven mit dem Museum zur Geschichte der Frauen.

Holzhäuser entdeckt man heute kaum noch in der Stadt, auch die Birkenromantik hat ein wenig gelitten. Sehenswert sind vor allem der Dom und das Rådhus im Renaissance-Barock-Stil. Umeå ist nach Luleå Schwedens nördlichste Universitätsstadt mit zwei Universitäten und insgesamt etwa 37 000 Studenten. 2014 war die Stadt zusammen mit Riga europäische Kulturhauptstadt.

Bis 1649 lag Luleå an der Stelle, wo heute Gammelstad zu finden ist. Doch wie in einigen Regionen Skandinaviens hob sich auch an dieser Küste das Land Jahr für Jahr, nachdem es von drückenden Eismassen befreit war. Wo einst der Hafen an einer Bucht lag, bildete sich nun ein See, sodass man die Stadt kurzerhand verlegte. Geblieben ist das Kirchendorf Gammelstad, das seit 1996 Weltkulturerbe ist. Über 400 Kirchenhäuschen sind noch erhalten. Sie dienten Bauern als Übernachtungsmöglichkeit, wenn diese von weither anreisten, um am Gottesdienst teilzunehmen. Auch die große Steinkirche aus dem späten Mittelalter ist hier zu bestaunen. Am besten schließt man sich einer der Führungen an, die im Sommer täglich angeboten werden. So begreift man diesen besonderen Ort am besten. Oder man schaut zunächst beim Besucherzentrum im Herzen des Kirchendorfes vorbei.

Gammelstad ist das am besten erhaltene Kirchendorf Schwedens. Noch heute dient es mit seinen 424 Holzhütten (ganz links) den Gläubigen, die aus der ferneren Umgebung zu Gottesdiensten kommen und die An- und Abreise nicht an einem Tag schaffen, als zeitweilige Unterkunft. Die ältesten Häuschen stammen noch aus dem 16. Jahrhundert, die Kirche (unten und links) aus dem 15. Jahrhundert.

FINNLAND

Wenn ein Land mit Wasser gesegnet ist, dann ist es Finnland. Das Landesinnere zeigt sich von Seen übersät, der Westen wird vom Bottnischen Meerbusen, der Süden vom Finnischen Meerbusen begrenzt. Die Ostseeküste birgt Kleinode der Landschafts- und Kulturschönheiten: Sandstrände bereiten Badevergnügen aller Art, die Städte Rauma und Kristinestad rauben mit ihren Holzhäusern Architekturfans den Atem. Ruhe finden Besucher auf den Åland-Inseln, quicklebendig präsentiert sich dagegen die Hauptstadt und Architekturperle Helsinki.

Die Besucher der finnischen Ostseeküste müssen sich entscheiden: Wollen sie in Helsinki »hängen bleiben«? Oder lassen sie sich von der Weite des Landes locken? Wer sich für die Natur entscheidet, wird es nicht bereuen – sofern er eine gewisse Schroffheit zu schätzen weiß.

FINNISCHE WESTKÜSTE

Die am Bottnischen Meerbusen gelegene finnische Westküste wartet mit einer Reihe schmucker Holzstädte auf. Die im 15. Jahrhundert gegründete Stadt Rauma schaffte es als größtes zusammenhängendes Ensemble von Holzhäusern des Nordens auf die UNESCO-Liste des Weltkulturerbes. In ihrer Altstadt reihen sich nicht weniger als 600 historische Holzhäuser aneinander. Auch die Altstadt des Städtchens Kristinestad ist für ihre unzähligen Holzhäuser bekannt. Der schiefe Turm der Ulrike-Eleonore-Kirche von 1700 gilt heute als das Wahrzeichen der Stadt. Das 15 Kilometer westlich von Turku gelegene Naantali verdankt seinen Ruhm dagegen der heilenden Kraft einer Quelle, die den Ort seit dem 19. Jahrhundert zu einem beliebten Kurort gemacht hat. Kalajoki, weiter im Norden gelegen, lockt indes mit seinen Sanddünen zum sommerlichen Badevergnügen.

Finnlands Ostseeküste ist zweigeteilt: Im Süden gehört sie zum Finnischen Meerbusen – dort liegt die Hauptstadt Helsinki. Im Westen ist sie dagegen Teil des Bottnischen Meerbusens. Dort geben sich die Elemente ursprünglich, es regieren raue Wellen, alte Wälder und karge Felsen. Die reinen Naturerlebnisse können jederzeit angenehm unterbrochen werden: An der Westküste liegen sehenswerte Städte.

NATIONALPARK LAUHANVOURI

Ein 231 Meter hoher Sandsteinfels, der Lauhanvuori, gibt dem Nationalpark seinen Namen und ist gleichzeitig die geologische Attraktion in diesem Gebiet. Das Gestein rundum ist nämlich erstarrte Magma, die den Ancylussee nach der Eiszeit vollständig bedeckte. Der Fels ragte schon damals als Insel aus dem Wasser heraus, was alte Küstenlinien und Kiesbetten belegen. An seinen unteren Hängen geht der Sandstein in Granit über. An einigen Stellen hat die Erosion das Gestein bis auf seinen Kern abgerieben, wofür der Aumakivi bestes Beispiel ist. Seinen Namen, der übersetzt »Stapelstein« bedeutet, bekam er, weil er an gestapelte Feldfrüchte erinnert. Der Nationalpark umfasst 53 Quadratkilometer Fläche, und seine Wald- und Sumpfgebiete in den Endmoränen Suomenselkä sind Rückzugsgebiet für zahlreiche Vogelarten wie Kraniche und Moorschneehühner.

Großes Bild: Das scheue Waldrentier ist eine vor allem in Finnland und Russland heimische Unterart des Rentiers, dessen gesamte Population auf rund 5500 Exemplare geschätzt wird. Bildleiste von oben: Die Samen des Großen Klappertopfs klappern in den reifen Früchten und führten so zu seinem Namen. Das Taubenkropf-Leimkraut hingegen ist gar nicht klebrig, wie es der Name verheißt.

RAUMA

An einem vermutlich schon länger bestehenden Handelsplatz im Südwesten des heutigen Finnland ließen sich um 1400 Franziskanermönche nieder. Von ihrer Klostergründung ist nur die 1449 erbaute Heilig-Kreuz-Kirche mit reichen Deckengemälden erhalten. Obgleich die Siedlung 1682 vollständig niederbrannte und ihre Bebauung daher nicht älter sein kann, ist sie noch heute durch eine mittelalterliche Anlage gekennzeichnet, die sich im Straßengrundriss manifestiert. Die Häuser in der Altstadt haben zum Teil reich ornamentierte Paneelfassaden aus dem 18. und 19. Jahrhundert, als Rauma die größte Handelsflotte Finnlands besaß, und bilden eines der größten Holzbauensembles Skandinaviens. Das zweistöckige Alte Rathaus von 1777 beherbergt heute ein Museum, das die von den Franziskanermönchen eingeführte Klöppeltechnik dokumentiert.

Voller Stolz blicken die Einwohner Raumas auf mehr als 500 Jahre Stadtleben. Die Welt ist hier noch in Ordnung – das soll erhalten bleiben. Deshalb entschloss sich die UNESCO 1991 dazu, das Zentrum zum Weltkulturerbe zu erklären. Den Kern der Altstadt bildet ein Bauensemble mit ein- bis zweistöckigen Holzhäusern. Die rund 600 aktuellen Bewohner verhindern, dass ihr Viertel gänzlich zu einem Museum mutiert.

ÅLAND

Mehr als 6500 Inseln und Schären bilden am südlichen Eingang des Bottnischen Meerbusens die Åland-Inseln, rund 60 von ihnen sind bewohnt. In dem milden Inselklima wachsen zahlreiche Orchideenarten, aber auch Eichen, Eschen, Ulmen und Ahornbäume. Ålands einzige Stadt Mariehamn trägt gar den Beinamen »Stadt der 1000 Linden«. Zar Alexander II. gründete die Stadt 1861 auf einer Landzunge im Süden der Hauptinsel Fasta Åland. Nach der finnischen Unabhängigkeit im Jahr 1917 beanspruchte Schweden die Inselgruppe für sich, der Völkerbund sprach den Archipel 1921 jedoch Finnland zu. Bis heute genießen die Inselbewohner volle Selbstverwaltung innerhalb Finnlands, die offizielle Sprache ist jedoch Schwedisch. Durch ihre Steuergrenze sind die Åland-Inseln heute die letzte Duty-free-Oase in der Europäischen Union.

Mit ihren Tausenden von Inseln sind die Åland-Inseln ein großer Archipel. Von offenen Seeflächen über Brackwassergebiete und kahle Felsen bis hin zu üppigen Waldgebieten haben die Eilande alles zu bieten, weshalb sich Flora und Fauna artenreich ansiedeln konnten.

TURKU

Bereits 1229 wurde Turku zum ersten Bischofssitz Finnlands, drei Jahrhunderte bevor die Siedlung die Stadtrechte erhielt. Der 1300 geweihte Dom dient heute dem Erzbischof von Turku, dem Oberhaupt der evangelisch-lutherischen Kirche Finnlands. Mehrere Erweiterungen im 15. Jahrhundert haben dem Gotteshaus die heutigen Dimensionen verliehen. Die Burg Turku am nördlichen Ufer des Flusses Aurajoki wurde im späten 13. Jahrhundert gegründet, ihre heutige Form erhielt sie aber erst 300 Jahre später. Die lange Geschichte von Finnlands ältester Stadt nutzte ihr nichts, als sie 1819 den Hauptstadtstatus an das bis dahin bedeutungslose Helsinki abgeben musste. Ein verheerender Brand legte acht Jahre später große Teile der Bauten in Schutt und Asche. Der heutige schachbrettförmige Grundriss entstand erst beim anschließenden Wiederaufbau.

Wasser ist in Turku in all seinen Formen allgegenwärtig. Die Stadt liegt dort, wo Finnischer und Bottnischer Meerbusen aufeinandertreffen. Seit Hunderten von Jahren ist die Burg Turku mit ihren dicken Mauern eines der markantesten Bauwerke der Stadt (ganz rechts).

ÅLAND

TURKU

TURKU-ARCHIPEL

Vor der Stadt Turku erhebt sich in der Ostsee ein wahres Meer aus kleinen Inseln. Im sogenannten Schärengarten von Turku liegen über 20 000 Schären. Sie sind nichts anderes als Hügel, die während der Eiszeit entstanden, als sich die mächtigen Gletscher über harte Gesteinsschichten schoben und dabei flache, abgerundete Formen schufen. Mit dem Abschmelzen der Eismassen versanken die Felsbuckel in den Fluten der Ostsee. Seitdem recken sich die kleinen Hügel mit der skandinavischen Landhebung wieder empor. Pro Jahrhundert hebt sich das Gelände um 60 Zentimeter, und so lugen immer mehr Rundhöcker als kleine Inseln über den Meeresspiegel hinaus. Die größten Schären sind seit Ende der vorgeschichtlichen Zeit bewohnt, auf vielen stehen heute Ferienhäuser. Die meisten Schären vor Turku sind jedoch unbewohnte kahle Felsen.

Bei einem Blick auf die Karte könnte man sich der Illusion hingeben, von Turku zu Fuß über die Ostsee bis zu den Åland-Inseln gelangen zu können. So dicht liegen die Schären im Wasser, kleine, blanke Felseninseln, die Finnland der Eiszeit zu verdanken hat. Die südlichsten Ausläufer liegen vor der Stadt Hanko. Die meisten der unterschiedlich großen Schären sind nur spärlich bewohnt.

HELSINKI

Das Meer verleiht Finnlands Hauptstadt ein besonderes Flair. An der Nordküste des Finnischen Meerbusens gelegen, erstrecken sich weite Teile Helsinkis auf Halbinseln und vorgelagerte Schären. Selbst im eigentlichen Stadtzentrum auf der Halbinsel Vironniemi ist trotz der dichten Bebauung überall das Meer zu spüren. Dieser maritimen Lage hat Helsinki auch seine Existenz zu verdanken: Der König von Schweden, bis Anfang des 19. Jahrhunderts Herr über Finnland, schickte im späten Mittelalter schwedische Siedler hierher, die der blühenden Hansestadt Reval (heute Tallinn, die Hauptstadt Estlands) an der gegenüberliegenden Küste des Meerbusens Konkurrenz machen sollten. Die Siedlung Helsinki blieb trotz der Intervention bedeutungslos. Erst der russische Zar, der Finnland 1808 eroberte, förderte die Stadt und machte sie zu einer Hochburg klassizistischer Architektur.

Die Hauptstadt Helsinki entwickelte sich zum wirtschaftlichen und kulturellen Zentrum eines Ballungsraums mit heute rund 1,5 Millionen Bewohnern, und sie ist die mit Abstand größte Stadt Finnlands. Ungefähr jeder vierte Finne lebt in Helsinki und Umgebung. Kein Wunder, angesichts der herrlichen Lage inmitten von Schären und der schönen Architektur der Innenstadt!

HELSINKI: SENATSPLATZ UND DOM

In Helsinkis Skyline ist er unübersehbar: der hoch aufragende Dom. Im Vergleich zu anderen Domen hat er eine junge Geschichte, denn erst 1830 wurde sein Grundstein gelegt. Nachdem Helsinki 1812 zur Hauptstadt bestimmt worden war, begannen die Planungen für ein repräsentatives Stadtzentrum. In den folgenden Jahrzehnten entstanden im damaligen Stil des Klassizismus eine Reihe von Gebäuden, die sich um den Senatsplatz gruppieren. Heute lockt die »weiße Stadt des Nordens« architekturbegeisterte Besucher von nah und fern. Ohne lange Wege in Kauf nehmen zu müssen, können sie an der Westseite des Platzes das Hauptgebäude der Universität und an der Ostseite das ehemalige Senatsgebäude bewundern. Weniger prachtvoll wirkt das südlich stehende Sederholm-Haus. Dabei hält der Bau von 1757 einen Rekord, denn kein Steinhaus der Innenstadt ist älter.

HELSINKI: SENATSPLATZ UND DOM

1855 übernahm Zar Alexander II. die Regentschaft über Russland, 1881 starb er bei einem Attentat. Während dieser Zeit gehörte Finnland zum Russischen Reich. Da der Zar Finnland gegenüber immer aufgeschlossen war, nimmt kein Finne Anstoß an dem zentralen Standort des Denkmals auf dem Senatsplatz (großes Bild). Als der spätere Zar zwölf Jahre alt war, wurde mit den Bauarbeiten zum Dom begonnen.

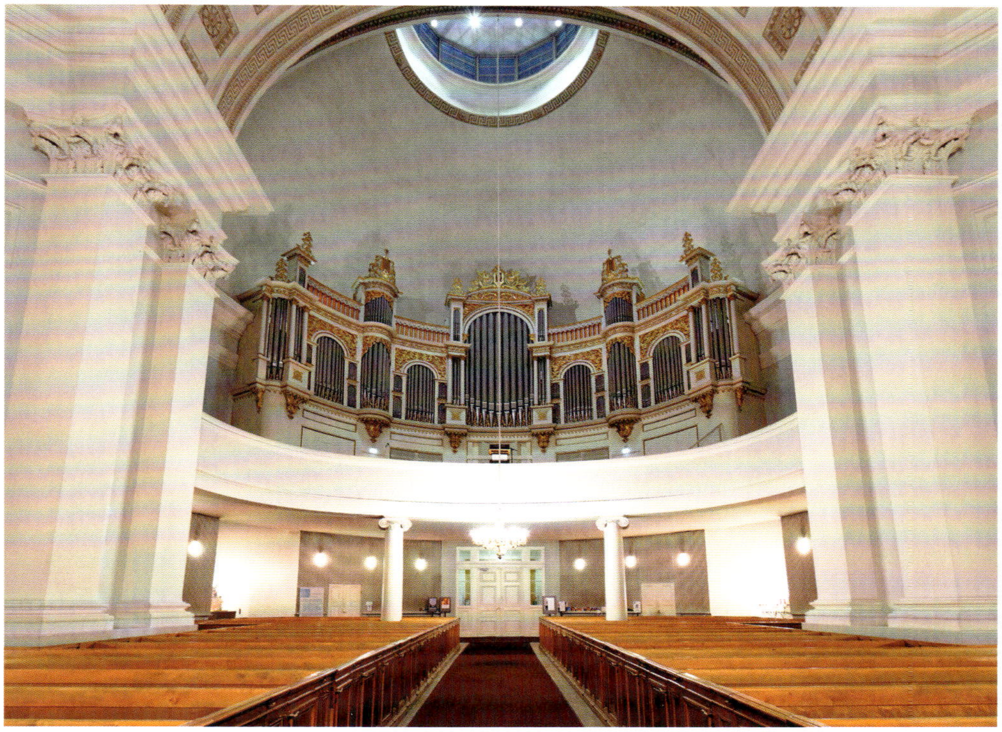

HELSINKI: KAUPPATORI

Als Ausgangspunkt für eine Stadterkundung bietet sich der am Fährhafen gelegene Kauppatori, der Marktplatz, an. Die wichtigsten Sehenswürdigkeiten Helsinkis liegen dicht beieinander und können von hier aus gut zu Fuß erreicht werden. Auf dem Kauppatori herrscht ganzjährig Betriebsamkeit. Hier kaufen die Hauptstädter frisches Obst und Gemüse, Fisch und Fleisch ein. Die südlich des Platzes gelegene Markthalle aus dem Jahr 1888 wurde aufwendig restauriert. Auch heute sind die Stände noch nach Zünften geordnet. Ein kleines Stück nördlich des Kauppatori befindet sich der beeindruckende Senatsplatz, der im frühen 19. Jahrhundert unter Zar Alexander I. angelegt wurde. Vom Kauppatori aus führt die wohl eleganteste Geschäftsstraße Helsinkis Richtung Westen, die Pohjoiesesplanadi. Sie wird von prächtigen Jugendstilbauten gesäumt. Die Geschäfte bieten Teures und Erlesenes an.

Rechts: Geräucherter Fisch ist nur eine der vielen – teils fangfrischen – Delikatessen, die man auf dem Kauppatori und der angrenzenden Markthalle erwerben kann.

HELSINKI: NATIONALMUSEUM

10 000 Jahre Geschichte – von der Steinzeit bis in die Gegenwart – werden im Nationalmuseum lebendig. Allein das Bauwerk an der Mannerheimintie ist ein erstrangiges Kulturdenkmal. Der mit »mittelalterlichen« Türmen, Erkern und Rundbogen geschmückte Bau des Finnischen Nationalmuseums (gebaut 1905 bis 1910, 1916 eröffnet) ist charakteristisch für die Architektur der finnischen Nationalromantik, in der sich Elemente des Historismus und des Jugendstils mischen. In der Eingangshalle ziehen die 1928 geschaffenen Deckenfresken alle Blicke auf sich. Der Maler Akseli Gallen-Kallela hat hier Motive aus dem finnischen Nationalepos »Kalevala« zu einem Werk voller Nationalpathos verarbeitet. Selbstbewusst stellt sich Finnland in seinem Museum mit einer Geschichte dar, die bis in die Steinzeit zurückreicht. In sechs Abteilungen wird das historische Erbe aufbereitet.

Rechts: Die Architektur des Museums steht für den Aufbruch in eine neue Zeit der staatlichen Selbstbestimmung nach den Jahrhunderten der schwedischen und russischen Herrschaft. Unten: finnische Holzschnitzkunst.

HELSINKI: KAUPPATORI

HELSINKI: NATIONALMUSEUM

HELSINKI: USPENSKI-KATHEDRALE

Weithin sichtbar thront die Uspenski-Kathedrale auf einem Felsen der Halbinsel Katajanokka am Rande des Zentrums von Helsinki. Mit ihren goldbekrönten Spitzen zählt sie zu den größten orthodoxen Kirchen im Westen des Kontinents. Der erhöhte Standort kommt nicht von ungefähr: Als die Kathedrale 1868 geweiht wurde, war Finnland Teil des Russischen Reichs, das mit dem Gebäude seinen Herrschaftsanspruch untermauerte. Über 80 Prozent der Finnen gehören heute der evangelisch-lutherischen Kirche an, deren Gotteshäuser eher schlicht gestaltet sind. Im Gegensatz dazu steht das prächtige Innere der Uspenski-Kathedrale. Die Kuppel ist von einem Sternenhimmel bedeckt, getragen wird sie von vier Säulen aus dunkelrotem Granit. Der Altarraum fällt durch seine in Gold gehaltenen Details auf. Dieser Prunk lockt zu Recht unzählige Besucher an.

Der Name der Uspenski-Kathedrale bedeutet Mariä-Entschlafens-Kathedrale. Das Gebäude ist weithin sichtbar und wirkt in der Hauptstadt eines Mitglieds der Europäischen Union seltsam exotisch (ganz links und unten). Der Innenraum ist reichhaltig dekoriert. Der Blickfang ist die Ikonostase, eine mit Ikonen geschmückte Wand vor dem Altarraum, wie sie für orthodoxe Kirchen typisch ist (links).

HELSINKI: KAMPPI UND FELSENKIRCHE

Das westlich des Hauptbahnhofs beginnende und noch zum Stadtzentrum gehörende Viertel ist nicht nur wegen seiner Jugendstilbauten einen Ausflug wert. Hier können einige herausragende Zeugnisse der modernen finnischen Baukunst bestaunt werden. Die in den 1970er-Jahren errichtete Finlandia-Talo etwa ist ein Meisterwerk des berühmten Architekten Alvar Aalto und wird als Kongresszentrum sowie als Konzerthalle genutzt. Ende der 1960er-Jahre wurde im Viertel Kamppi ein wohl weltweit einzigartiges Gotteshaus gebaut: Temppeliaukion kirkko. Die Felsenkirche befindet sich in einer eigens zu diesem Zweck in den Fels gesprengten, nach oben offenen Höhle. Die Wände des Saales sind »naturbelassen«, und das Dach wird von einer Kuppel aus Glas und Stahl gebildet.

Rechts: Als herausragendes Beispiel der finnischen Architektur der 1960er-Jahre gilt die tief in das Granitgestein hineingebaute Temppeliaukio-Kirche. Archaische Steinwände in Kombination mit zeitgenössischen Stilelementen vermitteln den Eindruck einer modernen Höhlenkirche. Noch zukunftsweisender zeigt sich die Kamppi-Kapelle von 2012 (Bilder unten).

JEAN SIBELIUS

Seine Sicht auf Musik formulierte Jean Sibelius in einem Brief aus dem Jahr 1905: »Musik ist für mich wie ein schönes Mosaik, das Gott zusammengefügt hat. Er nimmt alle Teile in seine Hand, wirft sie in die Welt, und wir müssen das Bild aus diesen Teilen erneut erschaffen.« Tatsächlich halten viele von Sibelius' Anhängern sein Schaffen für göttlich. Geboren wurde der berühmteste Komponist Finnlands 1865, als es gar kein eigenständiges Finnland gab. Besonders prägend für sein Schaffen waren die Studienaufenthalte des Mittdreißigers in Berlin und Wien. Nach seiner Rückkehr in seine Heimat verdiente Sibelius seinen Unterhalt als Musiklehrer. Ein Leben als Komponist war vorerst aus finanziellen Gründen undenkbar. Das änderte sich, als er eine Rente zugesprochen bekam. Aus Sibelius' Werk ragen seine Sinfonischen Dichtungen und die sieben Sinfonien heraus. Zu Beginn waren die spätromantischen Kompositionen noch der finnischen Mythenwelt und der Volksmusik verhaftet. Erst im Laufe der Arbeit entwickelte der Musiker seinen unverkennbar eigenen Stil.

Rechts: Das Sibelius-Denkmal im gleichnamigen Park ist eines der am häufigsten fotografierten Motive in Helsinki. Als es zehn Jahre nach seinem Tod enthüllt wurde, regte sich Protest. Den Kritikern war das Werk der Bildhauerin Eila Hiltunen mit seinen 600 rostfreien Stahlröhren zu abstrakt. Auf Drängen der Öffentlichkeit wurde eine Maske des Komponisten ergänzt. Unten: Museum in Silbelius' Geburtshaus in Hämeenlinna.

JEAN SIBELIUS

HELSINKI: FESTUNG SUOMENLINNA

Die imposante Festungsanlage, die sich über sechs Inseln erstreckt, sollte den Hafen Helsinkis vor Angriffen sichern. Bis heute macht sie mit ihren gewaltigen Mauern einen wehrhaften Eindruck. Die Schweden, die Finnland seit dem 13. Jahrhundert beherrschten, errichteten Mitte des 18. Jahrhunderts die Festung Sveaborg vor der Hafeneinfahrt der Stadt Helsinki. Als im Jahr 1808 die Wehranlage kampflos von den Russen eingenommen worden war, begann der Rückzug der Schweden aus Finnland. Zar Alexander I. (reg. 1801–1825) machte Helsingfors zur Hauptstadt des neu begründeten Großfürstentums Finnland. Eine orthodoxe Kirche, Holzhäuser und eine Kommandantur blieben aus der Zeit der russischen Herrschaft erhalten. Die riesige Anlage von Suomenlinna ist ein bedeutendes Beispiel europäischer Militärarchitektur und seit 1991 UNESCO-Weltkulturerbestätte.

Suomenlinna, wie die Festung heute heißt, wurde im Jahr 1855 während des Krimkriegs durch ein Bombardement teilweise schwer beschädigt. 1918, als Finnland unabhängig wurde, diente die Festung als Gefängnis für kommunistische Truppen und Aufrührer, von denen viele in den Kerkern von Suomenlinna ums Leben kamen. Heute kann hier ein Museum zur Geschichte der Festung besichtigt werden.

NATIONALPARK ÖSTLICHER FINNISCHER MEERBUSEN

Rund 150 Kilometer östlich von Helsinki zeigt der maritime Nationalpark die wilde und raue Schönheit, die das äußere Schärenmeer zu bieten hat. Das Gebiet erstreckt sich auf einer Fläche von etwa 60 Quadratkilometern über das Meer. Am besten ist man hier mit dem Boot unterwegs, um die mehr als 100 teils unzugänglichen Inseln zu erkunden und Wasservögeln und Gänsen eine Besuch abzustatten. In den Sommermonaten zeigen historische Fischerdörfer, wie das Leben hier früher war, und erzählen Geschichten von Handel, Schmuggel und Kriegen. Auf der Insel Mustaviiri hat ein Steinlabyrinth die Zeit überdauert, das einst als religiöse Kultstätte diente. Auch auf der Insel liegt ein zum UNESCO-Weltkulturerbe gehörender Messpunkt des skandinavisch-russischen Meridianbogens, den der Astronom Wilhelm von Struve im 19. Jahrhunderts zur Erdmessung errichtete.

Unten: Betörend schön ist der Sonnenuntergang über der Landschaft Uusimaa, die an den Finnischen Meerbusen grenzt. Die Ostseebucht erstreckt sich auf einer Breite von bis zu 130 Kilometern zwischen Finnland und Estland. Links: Eine Kolonie Gryllteisten besetzt einen flachen Felsen, von dem aus sie für die Futtersuche bis zu 50 Meter tief ins umliegende Meer tauchen.

RUSSLAND

Ohne Peter den Großen wäre die Ostseeküste um eine Vielzahl an kulturellen Attraktionen und architektonischen Höhepunkten ärmer. Der russische Zar schuf sich zu Anfang des 18. Jahrhunderts mit Sankt Petersburg seine eigene Stadt. Heute ist die ehemalige Hauptstadt des Russischen Reichs die am nördlichsten gelegene Millionenmetropole der Erde. Sie weiß mit ihren prachtvollen Palästen im Zentrum und außerhalb zu punkten. Zwischen Polen und Litauen liegt die Exklave Kaliningrad, früher Königsberg genannt, die ebenfalls einen Besuch wert ist.

Rund 700 Quadratmeter Fläche der Innen- und Außenwände der Auferstehungskirche von Sankt Petersburg sind mit Mosaiken bedeckt. Das Gotteshaus wurde nie geweiht und dient als Museum für Mosaiken.

Nach einem genau durchdachten Plan ließ Zar Peter der Große seine neue Hauptstadt errichten, die durch Hunderte von barocken und klassizistischen Gebäuden geprägt ist. Nachdem Peter der Große dem Schwedenkönig Karl XII. den Küstenstreifen am Finnischen Meerbusen abgerungen hatte, besaß er den lang ersehnten Zugang zur Ostsee und somit zum Westen. Er ließ eine neue Hauptstadt errichten, die an Glanz alle europäischen Metropolen übertreffen sollte. An der Gestaltung von Sankt Petersburg wirkten zahlreiche west- und mitteleuropäische Baumeister wie Bartolomeo Rastrelli, Domenico Trezzini und Andreas Schlüter mit. Die Stadt beeindruckt auch heute noch durch die Harmonie ihrer Bauwerke im Stil des Barock und des Klassizismus, die repräsentativen Plätze und die zahlreichen Kanäle mit über 400 Brücken.

Die gesamte Innenstadt von Sankt Petersburg wurde im Jahr 1990 von der UNESCO zur Weltkulturerbestätte erklärt. Das Welterbe umfasst rund 2400 Bauwerke, neben den zahlreichen Palästen auch Kirchen, Kathedralen (unten: St.-Isaaks-Kathedrale), Klöster, Museen, Theater, Bahnhöfe sowie militärische Bauwerke wie die Peter-und-Paul-Festung und die Admiralität.

SANKT PETERSBURG: PETER-UND-PAUL-KATHEDRALE

Auf dem Gelände der Peter-und-Paul-Festung in St. Petersburg befindet sich die in den Jahren 1712 bis 1733 von Domenico Trezzini (um 1670 bis 1734) im »petrinischen Barock« erbaute gleichnamige Kathedrale. Äußerlich fällt sie durch die lange goldene Spitze ihres 122 Meter hohen Glockenturms mit einer Wetterfahne in Engelsgestalt auf. Bedeutend ist die Kathedrale vor allem als Grablege der russischen Zaren von Peter I. bis Alexander III., die in einer Seitenkapelle in Marmorsärgen beigesetzt sind. Im Jahr 1998 wurden in der Katharinenkapelle die Gebeine der letzten Mitglieder der russischen Zarenfamilie bestattet – die im Jahr 1918 ermorderten Romanows. Ungewöhnlich für eine orthodoxe Kirche ist das Vorhandensein einer Kanzel. Daneben dominieren opulente Lüster, klassizistische Deckengemälde und die Ikonostase den Raumeindruck.

SANKT PETERSBURG: PETER-UND-PAUL-KATHEDRALE

Einen Fixpunkt in der Skyline von Sankt Petersburg bildet die Peter-und-Paul-Kathedrale mit dem spitzen Turm, die sich innerhalb der gleichnamigen Festung befindet (links). Im Inneren der Kathedrale beeindrucken die für orthodoxe Kirchen ungewöhnliche Kanzel sowie Marmorsäulen und Kristalllüster (großes Bild). Die Kathedrale ist auch die Grablege der Mitglieder der Zarenfamilie.

WEISSE NÄCHTE

Die Stadt versteht mit ihren Palästen zu protzen und hat mit den Weißen Nächten im Sommer auch ein Naturphänomen auf ihrer Seite: Sankt Petersburg liegt nämlich auf demselben Breitengrad wie das südliche Alaska – so weit im Norden also, dass sich von Ende Mai bis Anfang Juli wunderbar lange Tage erleben lassen, wobei die hellste Zeit auf die zweite Junihälfte fällt. Dann nämlich wird es nachts überhaupt nicht dunkel – die berühmten »Weißen Nächte« herrschen. Stattdessen liegt in den Geisterstunden ein magisches Dämmerlicht über der Stadt; die Straßenlichter bleiben aus und Einheimische halten es nicht für nötig, ins Bett zu gehen. Sankt Petersburg nutzt diese Art Erleuchtung und veranstaltet jährlich ein Kulturfestival in der ganzen Stadt, mit einer Fülle an Weltklasse-Opern, Ballett- und Orchesteraufführungen, viele davon im großen Mariinski-Theater. Doch man kann die Weißen Nächte nicht nur intellektuell genießen, sondern sich auch einen Tag im Letnij Sad (Sommergarten) und an den Ufern der Newa sonnen, um von dort in den Abend hineinzukreuzen oder nachts auf den Uferpromenaden zu spazieren und zuzuschauen, wie sich die riesigen Brücken öffnen. In hippen Nightclubs wird dann gefeiert, ohne dass je die Sonne unterzugehen scheint.

Während der Weißen Nächte wird in der ganzen Stadt gefeiert, mit Straßenfesten, Konzerten und Feuerwerk. Auch der Schulabschluss fällt in diese Zeit, der mit einem großen Spektakel begangen wird, das die Schulen der Stadt gemeinsam auf die Beine stellen. Es ist das Fest der Roten Segel (großes Bild) und bietet u. a. ein spektakuläres Großfeuerwerk und viel Livemusik.

SANKT PETERSBURG: ADMIRALITÄT

Eigentlich sollte sie die Werft für Peter den Großen werden. Die Pläne für den Bau, der im Jahr 1704 startete, stammten vom Zaren persönlich. Er wählte den Platz, weil die Newa hier besonders tief war und somit genügend Spielraum bot, auch große Schiffe vom Stapel zu lassen. Ein derart strategisch wichtiger Bereich brauchte auch entsprechenden Schutz, und so glich die Admiralität schon wenig später einer Festung mitsamt Wällen und Bastionen. Ein Plan, der schnell aufging, denn Zar Peter hatte sich von hier aus die stärkste Flotte des Baltikums geschaffen. Das Hauptgebäude wurde später klassizistisch umgebaut, seit dem Jahr 1823 ist es Hauptbestandteil der Sichtachsen zwischen der Gorochowa-Straße, des Newski-Prospektes und des Wosnjesjenski-Prospektes. Das ebenfalls im 19. Jahrhundert hinzugefügte lang gestreckte Gebäude betont diese Blickführung.

Die Admiralität am westlichen Ende des Newski-Prospekts fällt durch die eigenwillige Turmspitze auf. Das Gebäude steht für die Tradition Russlands in der Seefahrt. Auch heute ist sie der Sitz der russischen Marine.

SANKT PETERSBURG: KUNSTKAMMER

Ihr eilt der Ruf voraus, ein Gruselkabinett zu sein – doch die Kunstkammer in Sankt Petersburg hat weit mehr zu bieten als konservierte menschliche Fehlgeburten. Siamesische Zwillinge, ein doppelköpfiges Kalb und andere Abnormitäten sind hier ebenso zu sehen wie Ritualgegenstände aus Afrika oder Asien. Außergewöhnliche Instrumente, ausgestopfte Tiere oder die Vielfalt der Mineralien – das erste Museum auf russischem Boden war 1719 zum ersten Mal für die Öffentlichkeit zugänglich. Die Kunstkammer gilt als die umfassendste anthropologische Sammlung ihrer Art. Zar Peter I. legte mit seinen Privatbeständen den Grundstein zu diesem einzigartigen Schatz, der einst sogar als »Wunderkammer« bezeichnet wurde. Als einer der Höhepunkte der Sammlung gilt der Gottorfer Riesenglobus.

Rechts: Ganz wie es im 18. Jahrhundert üblich war, ist die Kunstkammer in einem barocken Palais untergebracht, er liegt am Ufer der Newa, gegenüber dem Winterpalast. Die Kunstkammer gehört zur Russischen Akademie der Wissenschaften.

SANKT PETERSBURG: ADMIRALITÄT

SANKT PETERSBURG: KUNSTKAMMER

PETER DER GROSSE

Peter der Große war der erste russische Zar, der ins Ausland reiste. Nicht nur zum Vergnügen, auch nicht unbedingt in diplomatischer Mission, sondern um von den fortschrittlicheren Nationen zu lernen. Russland sollte den Anschluss an Europa finden; es war rückständig, verharrte noch im Mittelalter. Peter I. (reg. 1682–1725) wurde zum großen Modernisierer des Landes. Er reformierte die Wirtschaft, die Armee, die Regierung, die Kirche. Und er ließ eine neue Hauptstadt aus dem Boden stampfen, »europäischer« als Moskau und mit Zugang zum Meer – Sankt Petersburg. Die Errichtung einer völlig neuen Stadt an der Mündung der Newa in die Ostsee darf als Peters ehrgeizigstes Projekt gelten: mitten im Nordischen Krieg und mit gewohnter Rücksichtslosigkeit. Peter war ein tatkräftiger und aufgeschlossener Herrscher, aber beileibe kein »guter König«. Die Steuerschraube wurde angezogen. Wer, wenn nicht das Volk, sollte den Glanz des neuen Russland finanzieren? Bauern wurden zwangsverpflichtet, Sümpfe trockenzulegen, Straßen, Häuser und Kirchen zu bauen. Sie lebten und arbeiteten unter primitivsten Bedingungen. Zehntausende starben. Das herrliche Sankt Petersburg ist auf »menschlichem Gebein« errichtet, heißt es. Peter der Große brachte Russland auf den Weg in die Moderne. Aber auf überaus steinigem Weg.

Peter der Große ließ ab 1703 an der Stelle, wo die Newa in die Ostsee mündet, praktisch aus dem Nichts eine neue Hauptstadt errichten. Schon nach wenigen Jahren waren die Arbeiten weit fortgeschritten. Heute schmückt ein bronzenes Reiterstandbild, das den Zaren darstellt, den Senatsplatz (großes Bild und ganz links). Unten rechts: posthumes Porträt des Zaren von Paul Delaroche, 1838.

SANKT PETERSBURG: WINTERPALAST

Es ist ein Gebäude der Superlative, in dem Zar Peter I. im Jahr 1725 starb. 1000 Räume und Säle zählt der Winterpalast, der Ballsaal misst stolze 1103 Quadratmeter. Vergoldungen glänzen, große Statuen und Säulen fangen die Blicke, und Besucher schreiten auf dicken, roten Teppichen: Der Winterpalast gilt als wichtigstes Gebäude des russischen Barock und beherbergt mit der Eremitage eine der bedeutendsten Gemäldesammlungen der Welt. Immer wieder hat es Änderungen und Neubauten gegeben, seitdem das erste Gebäude im Jahr 1711 in vierflügeliger Form um einen Innenhof errichtet wurde. Im Jahr 1837 wütete ein Feuer 30 Stunden lang im Palast und brannte ihn komplett nieder. Er wurde im ursprünglichen Erscheinungsbild wieder errichtet, ganz so glanzvoll, wie er sich heute im Herzen der Stadt präsentiert.

Der Winterpalast, eines der bedeutendsten Bauwerke des russischen Barock überhaupt, wurde ab 1754 nach Plänen von Bartolomeo Rastrelli als Zarenresidenz unmittelbar an der Newa errichtet. Der Platz davor war der Schauplatz bedeutender historischer Ereignisse. Hier begann 1917 die russische Oktoberrevolution, als die Bolschewiken den Winterpalast stürmten.

SANKT PETERSBURG: WINTERPALAST – EREMITAGE

Schon von außen beeindruckt der lang gestreckte, barocke Bau direkt am Ufer der Newa mit seiner Formensprache. Doch in seinem Inneren verbergen sich die größten Kunstschätze europäischer Geschichte. Drei Millionen Objekte zählt die Eremitage, die viele davon einlagern muss, denn trotz der 350 Räume bleibt nur Platz für etwa 60 000 Exponate. Werke von Rembrandt, Rubens, Leonardo da Vinci und Picasso finden sich dort heute wieder. Den Grundstein für die Sammlung legte Katharina die Große, als sie im Jahr 1764 gleich 225 Gemälde von einem Berliner Kunsthändler erwarb. Anfangs reichte der Platz der Kleinen Eremitage noch aus, die sie für ihre Sammlung bauen ließ. Schon 30 Jahre später war die Sammlung auf knapp 4000 Stücke angewachsen. Bald zog sie in den Winterpalast um und wurde für die Öffentlichkeit zugänglich gemacht.

Zu den wichtigsten Kunstsammlungen der Welt gehört die Eremitage. Die von Katharina der Großen begründete Sammlung ist ein Museum der Superlative. In prachtvoll gestalteten Sälen werden 60000 Exponate präsentiert, das Archiv umfasst drei Millionen Objekte. Nicht nur die Malereien sind sehenswert, sondern auch die russischen Ikonen, ägyptische Grabkunst oder das Gold der Skythen.

Neben den Exponaten in der Eremitage imponieren allein schon die Räumlichkeiten wie etwa die prunkvolle Jordantreppe.

SANKT PETERSBURG: NEWSKI-PROSPEKT

Im Abendlicht leuchtet sie goldgelb, die 4,5 Kilometer lange Straße zählt zu den Hauptverkehrsadern von Sankt Petersburg. Ihr Name mag für unsere Ohren merkwürdig klingen, ist aber eine logische Folge von sprachlichen Verkürzungen. Mitte des 18. Jahrhunderts hieß sie noch »Große Perspektivstraße zum Alexander-Newski-Kloster«, schon bald wurde daraus Newski-Perspektive. Und da das Wort Prospekt dieselbe Bedeutung wie Perspektive hat, aber leichter auszusprechen ist, wurde daraus eben der Newski-Prospekt. Er erlebte seine Blüte Mitte des 18. Jahrhunderts, als mehr und mehr Adlige und Reiche in die Innenstadt von St. Petersburg zogen und hier ihre Stadtpalais errichteten. Das führte wiederum zum Bau von Feinkostläden, Juwelieren, Cafés und Luxushotels, die der Straße bis heute ein einzigartiges Flair verleihen.

Dass man verkehrsreich sein kann und dennoch nicht hässlich sein muss, beweist der Newski-Prospekt, denn er zählt zu den Prachtboulevards der Stadt. Buchhandlungen, Feinkostläden, Modeboutiquen, Juweliere und Literaturcafés – der Newski-Prospekt bietet eine reiche Auswahl an Geschäften. Viele sind im feinsten Jugendstil gestaltet, und es lohnen sich daher auch Blicke in die Läden hinein.

ALEXANDER PUSCHKIN

Die meisten Länder verehren einen Dichter als Nationaldichter: In Deutschland ist es Goethe, in Spanien Cervantes, in Großbritannien Shakespeare. In Russland kommt diese Ehre Alexander Puschkin zu, der am Anfang der modernen russischen Literatur stand. Zur Welt kam er 1799 in Moskau, große Teile seiner Ausbildung erhielt er auf einer Eliteschule in Zarskoje Selo. Die Stadt liegt vor den Toren von Sankt Petersburg und wurde dem Dichter zu Ehren 100 Jahre nach dessen Tod 1937 in Puschkin umbenannt. Doch wie kam es zu diesem hohen Ansehen des Literaten, der nicht einmal 40 Jahre alt wurde? Bereits 1815 fiel er als Jugendlicher mit seinem patriotischen Gedicht »Erinnerungen an Zarskoje Selo« auf. Kurz darauf war Puschkin die Lichtgestalt der russischen Romantik. Mit einigen spöttischen Veröffentlichungen ging er jedoch zu weit und wurde nach Süden verbannt. Für sein 1830 abgeschlossenes Hauptwerk »Eugen Onegin« brauchte der junge Dichter ganze sieben Jahre. In der Zwischenzeit war Puschkins Verbannung aufgehoben worden, doch seine Frustration über den trivialer werdenden Literaturbetrieb Russlands wuchs. Die weitere Entwicklung konnte er nicht mehr kommentieren: Am 27. Januar 1837 wurde Puschkin bei einem Duell verletzt, zwei Tage darauf starb er.

In seinem letzten Lebensabschnitt lebte Puschkin in einem Haus am Ufer des Flüsschens Moika, einen Steinwurf vom Newskiprospekt entfernt. Heute steht dort das Puschkin-Museum. Auch im Stadtbild ist Puschkin noch immer präsent, so als Denkmal in der Nähe des Russischen Museums (links) und in einer U-Bahn-Station (ganz links). Unten: Puschkins Wohnsitz in Petrowskoje.

SANKT PETERSBURG: ISAAKSKATHEDRALE

Die Isaakskathedrale ist die größte und wohl auch prächtigste Kirche Sankt Petersburgs. 1707 wurde hier eine erste, dem heiligen Isaak von Dalmatien geweihte Kirche errichtet. Nach dem Sieg über Napoleon beschloss Zar Alexander I., die Kirche neu zu erbauen und zu einem Nationaldenkmal umzugestalten. Rund 40 Jahre, von 1818 bis 1858, wurde an dem vom neoklassizistischen Architekten Auguste Ricard de Montferrand entworfenen Bau gearbeitet. Die aus rotem Granit und grauem Marmor prunkvoll ausgeführte Kathedrale verfügt über eine monumentale, vergoldete Hauptkuppel und vier mächtige Säulenportiken, deren Giebelfelder Szenen aus der Vita des Isaak und der Heilsgeschichte zeigen. Drei Bronzetüren führen ins Innere, dessen Wände mit unterschiedlichen Marmorarten, Edelsteinen und Mosaiken geschmückt sind – ein »Museum der russischen Geologie«.

Die Isaakskathedrale ist die prächtigste Kirche Sankt Petersburgs. Im Inneren wird de- Blick wie magisch nach oben in die Kuppel gelenkt, deren Durchmesser 26 Meter beträgt. Die nach dem Petersdom größte freitragende Ki-chenkuppel der Welt bietet reichen Figurenschmuck und ein monumentales Deckengemälde. Die Kirche ruht auf massiven Säulen aus Granit, von denen einzelne über 100 Tonnen wiegen.

SANKT PETERSBURG: KASANER KATHEDRALE

Kein Geringerer als der römische Petersdom galt als Vorbild für diese russisch-orthodoxe Kathedrale. In einem Halbrund errichtete Kolonnaden, die zu dem Hauptgebäude mit der Kuppel führen, ergeben ein mächtiges Bild. Der Sohn von Katharina der Großen, Kaiser Paul I., hatte die Kathedrale im Jahr 1801, noch kurz bevor er von Aufständischen mit seiner eigenen Schärpe ermordet wurde, in Auftrag gegeben. Baumeister Andrei Woronichin (1759–1814) brachte aber damals moderne Einflüsse mit in die Planung ein, sodass sie heute klassizistisch wirkt. Die Kolonnaden enden hier in eindrucksvollen Torbauten, die Eingänge sind ganz im klassizistischen Stil als Säulenportikus gestaltet. Das Gotteshaus markiert einen wichtigen gestalterischen Aspekt des Newski-Prospektes, deswegen wurden die Portale auch nach Norden ausgerichtet.

Die Kathedrale, die eigentlich der Gottesmutter von Kasan gewidmet und mit ihrer Ikone ausgestattet ist, wurde nach Napoleons Niederlage zur Gedächtniskirche für den Russlandfeldzug 1813.

SANKT PETERSBURG: SMOLNY-INSTITUT UND -KLOSTER

Obwohl bei Baubeginn im Jahr 1748 als Kloster konzipiert, wurde das barocke Smolny-Kloster nie als solches genutzt. Bereits als Rohbau wurde es von Katharina der Großen zur Lehranstalt für höhere Töchter umfunktioniert und später um das Smolny-Institut erweitert. Dort hatte 1917/18 der Rat der Volkskommissare, die erste sowjetische Regierung unter Lenin, seinen Sitz. Seinen Tiefpunkt erreichte das Smolny-Kloster in den ersten Jahrzehnten der Sowjetunion, in denen es als Lagerhaus für Getreide und Gemüse verkam. Erst 1971 wurde diesem Dilemma ein Ende bereitet. Nach einer umfassenden Restaurierung präsentiert sich das Innere heute als 3000 Quadratmeter großer Saal für Konzerte und Ausstellungen. So sehr das Smolny-Kloster lange Zeit ein Schattendasein führte, so wichtig ist es heute als Ort des kulturellen Lebens der Stadt.

Eine Schöpfung des Hofarchitekten Elisabeths I., Bartolomeo Rastrelli, ist die Smolny-Kathedrale, ein Barockbau mit Kuppel und vier Ecktürmen. Die Innenausstattung stammt vom russischen Baumeister des Klassizismus, Wassili Stassow.

SANKT PETERSBURG: KASANER KATHEDRALE

SANKT PETERSBURG: SMOLNY-INSTITUT UND -KLOSTER

SANKT PETERSBURG: AUFERSTEHUNGSKIRCHE

Am Gribojedow-Kanal erhebt sich die farbenprächtige Auferstehungskirche, die an der Stelle errichtet wurde, wo Zar Alexander II. 1881 einem Attentat der revolutionären Organisation »Volkswille« zum Opfer fiel. Daher wird die Kirche auch »Erlöserkirche auf dem Blute« genannt. Sie wurde 1883 bis 1907 nach Plänen von Alfred Parland im altrussischen Stil erbaut – im Kontrast zu ihrer klassizistischen Umgebung. Als Vorbild diente die Basiliuskathedrale in Moskau, die ebenfalls reinen Denkmalcharakter besitzt. Der Hauptbau wird von fünf Kuppeln gekrönt. Daneben steht ein Glockenturm mit einer Goldkuppel. Sowohl Außen- als auch Innenwände sind großflächig mit Mosaiken, zum Teil im Stil von Ikonen, gestaltet, die Giebel zieren Werke des Malers Viktor Wasnezow. 1997 wurde das nie als Kirche genutzte Gebäude als Museum der russischen Mosaiken wiedereröffnet.

Ein grausamer Mord soll sich an dem Ort ereignet haben, an dem die Auferstehungskirche errichtet wurde: das Attentat auf Alexander II. Deswegen wird sie auch als »Erlöserkirche auf dem Blut« bezeichnet. Gar nicht grausig ist ihre üppige Innenausstattung mit Wandmalereien. Sie ist im Zentrum von Sankt Petersburg die einzige im altrussischen Stil mit den charakteristischen Zwiebeltürmen errichtete Kirche.

PETERHOF

Wer Schloss Versailles nahe Paris mag, wird auch die Palastanlage Peterhof lieben. Zu Recht wird sie häufig mit ihrem französischen Vorbild verglichen. Rund 30 Kilometer von Sankt Petersburg entfernt, schuf sich Zar Peter der Große von 1714 bis 1723 eine Residenz, mit deren Dimensionen er seinen Machtanspruch verdeutlichte. Im folgenden Jahrhundert ließen Peters Nachfolger den Bau immer wieder erweitern. Vor dem riesigen Gebäude erstreckt sich eine Parkanlage mit den für den Barock typischen gezirkelten Rasen- und Pflanzenflächen. Ein Kanal führt von der Goldenen Kaskade unter der für Musik- und Ballettaufführungen genutzten Terrasse zur Ostsee. Zwischen Anfang Juni und Mitte Juli erscheint Peterhof in einem besonderen Licht: Da die Stadt auf dem 60. Breitengrad liegt, versinkt sie nachts nicht in Dunkelheit, sondern ist von einer Dämmerung umhüllt, die die Menschen zum Flanieren und Feiern einlädt.

Die Residenz Peterhof ist mit ihren kunstvoll gestalteten Gärten das eleganteste der Zarenschlösser rund um Sankt Petersburg. Ein besonderes Augenmerk wurde dabei auf die raffinierten Wasserspiele gelegt.

PETERHOF: PETER-UND-PAUL-KATHEDRALE

Türmchen, Rundbögen, Säulen, Kapitelle: Diese Kathedrale ist wie ein Wimmelbild an Gestaltungselementen. Verschiedene Backsteinfarben werden eingesetzt, dazu goldene Zwiebeltürmchen, kupfergrüne Dächer. Formen lösen sich auf, um dann miteinander zu Neuem zu verschmelzen, mal klassizistisch, mal Art nouveau – nur eines nicht: langweilig. Das 70 Meter hohe Gotteshaus ist eine russisch-orthodoxe Kathedrale wie aus dem Bilderbuch. Erbaut in den Jahren 1895 bis 1905, steht sie auch stilmäßig zwischen Historismus und Jugendstil, eine Hinwendung zur Handwerkskunst ist deutlich erkennbar. Sie sollte in ihrem Erscheinungsbild Elemente der schönsten Gotteshäuser Russlands aufgreifen. Das Gebäude gehört zum Ensemble des Peterhofs und bietet aus den Fenstern des mittleren Zeltdachs einen herrlichen Überblick über den Schlosskomplex.

Politische Extreme treiben manchmal seltsame Blüten: Die Sozialisten wollten noch Jahre nach ihrer Machtergreifung die Kathedrale zerstören lassen, sie wurde stattdessen nur innen geplündert. Die herrliche Backsteinfassade mit den zahlreichen Details blieb unversehrt.

PETERHOF

PETERHOF: PETER-UND-PAUL-KATHEDRALE

LOMONOSSOW (ORANIENBAUM)

Das Wappen von Lomonossow, 40 Kilometer westlich von Sankt Petersburg, macht auf den ersten Blick stutzig: Es zeigt einen Orangenbaum. Die Geburtsstunde des Ortes schlug 1710, als sich Fürst Menschikow einen Palast errichten ließ. Der Fürst war auf vielen Schlachtfeldern zu Ehren gekommen, leitete den Bau von Sankt Petersburg und konnte sich dementsprechend Luxus leisten. Dazu gehörte auch eine Orangerie, womit das Wappen und der ursprüngliche Stadtname, Oranienbaum, eine Erklärung finden. Bis 1917 kamen zahlreiche Residenzen hinzu, das Idyll blieb der Zarenfamilie und dem Adel vorbehalten. Erst 1948 bekam die Stadt ihren heutigen Namen nach Michail Wassiljewitsch Lomonossow, einem der bedeutendsten russischen Universalgelehrten des 18. Jahrhunderts. Seit 1990 können sich die Bauten mit dem Titel »Weltkulturerbe« der UNESCO schmücken.

Unter Katharina der Großen entstand nach einem Entwurf von Antonio Rinaldi der Chinesische Palast (links und Bildleiste). Innen bezaubert der im Stil des Rokoko gestaltete Palast mit einer erlesenen Ausstattung: Mobiliar und Parkettböden aus Edelhölzern, Seidentapeten, Stickereien, Porzellanvasen, Lackmalereien, Wand- und Deckengemälde. Großes Bild: der Wasserrutschen-Pavillon.

KATHARINENPALAST IN PUSCHKIN

Wie Balletttänzer bei einer Aufführung stehen sie dort, ganz gerade, fein aufeinander abgestimmt – die Säulenfront der reichlich ausgeschmückten 300 Meter langen Fassade des Katharinenpalastes ist ein besonderes bauliches Juwel in Russland. Weiße Säulen, vergoldete Atlanten, Rundbogenfenster und dazu der himmelblaue Untergrund der Gebäudefarbe. Ein Märchenschloss, 1752 erbaut für Katharina, die Ehefrau von Peter dem Großen. Deutlich hat sich hier der Stil des Barock verewigt und mit russischem Stil vermählt. Doch viel beliebter ist der Palast in seinem Inneren mit dem weltberühmten Bernsteinzimmer, das im Jahr 2003 nachgebildet wurde und immerhin als Achtes Weltwunder gilt. Aber auch die helle Galerie, die rund 800 Quadratmeter misst, ist sehenswert. Eingebettet ist die Anlage in einen großen, gepflegten Park.

Puschkin ist zusammen mit Peterhof die schönste Zarenresidenz Russlands. Der nach Plänen von Bartolomeo Rastrelli errichtete gigantische Katharinenpalast mit seiner 300 Meter langen barocken Fassade ist das Herzstück der Schloss- und Parkanlage rund 25 Kilometer südlich von Sankt Petersburg. Nach den Zerstörungen des Zweiten Weltkriegs wurde sie rekonstruiert.

BERNSTEINZIMMER – GESCHENKT, GERAUBT, REKONSTRUIERT

Das Geschenk für Peter den Großen musste imposant sein. Immerhin wollten die Preußen Russland als Verbündeten im Krieg gegen die Schweden gewinnen. So opferte Friedrich Wilhelm I. sein Bernsteinzimmer. Es hatte dem Zaren bei seinem Besuch im Berliner Stadtschloss so gut gefallen... Das wahrhaft königliche Geschenk – eine in warmen Goldtönen schimmernde prunkvolle Wandvertäfelung aus Bernstein – wurde 1716 nach Sankt Petersburg gebracht und zunächst im Winterpalast installiert. Später schmückte es den Katharinenpalast in Zarskoje Selo (Puschkin), die südlich von Sankt Petersburg gelegene Sommerresidenz der Zaren. Jeder war geblendet vom Glanz des Bernsteinzimmers, das 1701 nach einem Entwurf des Bildhauers Andreas Schlüter in Danzig und Königsberg von den besten Bernsteinschneidern und -drechslern angefertigt worden war. Doch Weltruhm erlangte es erst nach dem Zweiten Weltkrieg. Denn das Bernsteinzimmer war verschwunden! 1941 hatten deutsche Soldaten die Wandvertäfelung abmontiert und die Beute nach Königsberg geschafft. Dann verlor sich die Spur. Immer wieder machte ein »Eingeweihter« mit einem angeblichen Hinweis auf den Verbleib Schlagzeilen. Doch bis heute blieb das einzigartige Kunstwerk verschwunden. 1997 wurden in Norddeutschland eine Kommode und ein Steinmosaik gefunden – die einzigen Teile der Originalausstattung im rekonstruierten Bernsteinzimmer, das heute die Hauptattraktion im Katharinenpalast darstellt. Die aufwendigen Rekonstruktionsarbeiten, lediglich auf der Grundlage alter Fotografien entstanden, begannen 1979.

2003 war es endlich so weit: Das neu geschaffene Bernsteinzimmer wurde im Beisein von Präsident Wladimir Putin und Bundeskanzler Gerhard Schröder der internationalen Öffentlichkeit präsentiert.

KATHARINA DIE GROSSE

Erst 16 Jahre alt, wurde Sophie von Anhalt-Zerbst im Jahr 1745 mit dem künftigen russischen Zaren verheiratet und in Katharina umbenannt. Sie ertrug die Ehe mit dem gewalttätigen Peter geduldig. Denn sie hatte ein hohes Ziel, das sie im Jahr 1762 endlich erreichte: Kurz nach seiner Krönung fiel der verhasste Gemahl einem Mordanschlag zum Opfer, Katharina war bis zu ihrem Tod 1796 Alleinherrscherin Russlands. Inspiriert von der europäischen Aufklärung und in ihrer ganzen Persönlichkeit eine Freidenkerin (was sich nicht zuletzt in ihrem freizügigen Liebesleben ausdrückte), brachte die neue Zarin frischen Wind in die erstarrte russische Gesellschaft. Wirtschaft, Militär, Verwaltung wurden modernisiert, Schulen gegründet, auch für Mädchen. Den Katharinenpalast in Zarskoje Selo (Puschkin), ihr Lieblingsschloss, ließ Katharina im Geschmack der Zeit umgestalten und erweitern. Mit der Expansion Russlands zum Schwarzen Meer feierte sie ihren größten militärischen Erfolg. Dass ihr Volk litt, kümmerte sie jedoch wenig. Um die adligen Eliten an sich zu binden, garantierte ihnen die Zarin volle Verfügungsgewalt über die leibeigenen Bauern. Somit waren 90 Prozent der Bevölkerung der Willkür ihrer Herren ausgeliefert. In der Konsequenz kam es zu Unruhen und Aufständen, die letztlich ihrem Ruf schadeten.

Mehr als drei Jahrzehnte herrschte Katharina die Große über Russland, ihr Porträt von Fjodor Rokotow entstand um 1770 (links). Der Katharinenpalast ist das architektonische Vermächtnis der Zarin. Zur letzten Ruhe gebettet wurde sie neben ihrem ungeliebten Gemahl in der Sankt Petersburger Peter-und-Paul-Kathedrale (unten links). Im russischen Nationalmuseum in Sankt Petersburg steht eine Marmorstatue der mit harter Hand regierenden Zarin (unten rechts).

PAWLOWSK

Nur fünf Kilometer von Zarskoje Selo (Puschkin) entfernt, steht inmitten eines der größten Landschaftsparks Europas ein weiteres Zarenschloss, dasjenige von Pawlowsk. Der Name geht zurück auf Zar Paul I., der 1780 den schottischen Architekten Charles Cameron mit der Planung und der Leitung der Bautätigkeit für die klassizistische Sommerresidenz beauftragte. Der Ausbau der Anlage oblag Pauls Gattin Maria Fjodorowna. Sie sorgte dafür, dass die Räumlichkeiten – anders als die prunkvollen Anlagen in Zarskoje Selo oder Peterhof – in eher dezentem Stil gestaltet wurden. Besondere Sorgfalt wurde dafür auf die Ausführung des Landschaftsparks im englischen Stil mit zahlreichen Pavillons, Skulpturen und Brücken verwendet, verteilt über eine Fläche von rund 600 Hektar. Schloss, Parkanlage und die gleichnamige Altstadt sind seit 1990 UNESCO-Weltkulturerbe.

Vor dem Hauptgebäude des Pawlowsk-Palasts mit seiner Hufeisenform wacht seit über zwei Jahrhunderten eine Statue von Zar Paul I. (1754 bis 1801, unten). Schlichter als andere Zarenresidenzen präsentieren sich die Innenräume des Schlosses (Bilder links). Die überbordenden Dekorationen, Möbel und unzähligen Bilder reichen jedoch aus, um jeden Besucher zum Staunen zu bringen.

KALININGRAD

Die meisten Besucher lockt der Mythos des alten Königsberg oder die wehmütige Erinnerung an die im Zweiten Weltkrieg verlorene Heimat Ostpreußen nach Kaliningrad. Unter der Ägide der Sowjetunion wurde die Stadt jahrzehntelang vernachlässigt und war isoliert. Heute ist die Region von Polen und Litauen umschlossen. Mit dem vergangenen Königsberg hat das heutige Kaliningrad nur noch wenig gemein: Viele Gebäude haben den Krieg nicht überstanden, die Reste des Schlosses wurden 1969 gesprengt. Der Dom als einziges großes Bauwerk aus vergangener Zeit ist bis heute nicht vollständig saniert. In seinem Schatten liegt die Grabstätte von Immanuel Kant, dem berühmtesten Sohn von Königsberg. Weiterhin führen alte Spuren in den im Jahr 1896 gegründeten Zoo, ins Museum für Geschichte und Kunst oder ins Museum der Weltmeere im Bauch eines Schiffs.

In Kaliningrad ist wenig wirklich alt – dafür hat der Zweite Weltkrieg gesorgt. Der ethnografische Handels- und Handwerkskomplex Fischerdorf mit dem Leuchtturm vermittelt ein authentisches Bild früherer Zeiten (rechts).

IMMANUEL KANT

Nach Immanuel Kant (1724–1804) ist die Philosophie nicht mehr dieselbe geblieben. Geboren in eine pietistische Familie in Königsberg, sollte Kant seine Heimatstadt und deren nähere Umgebung kaum je verlassen. Sein Studium, das alte Sprachen, Theologie und die Naturwissenschaften umfasste, brach er zunächst ab, weil sein Lehrer seine Abschlussarbeit nicht akzeptierte. Nach einigen Jahren als Hauslehrer gelang ihm jedoch das Examen, und nach einiger Zeit als Privatdozent erhielt er die angestrebte Professur für Logik und Metaphysik. Rufe an andere Lehrstühle hatte er stets abgelehnt. Bereits 1755 erschien seine »Allgemeine Naturgeschichte und Theorie des Himmels«, eine Theorie der Entstehung des Sonnensystems. Es folgten Schriften zur Metaphysik, ehe er 1781 die »Kritik der reinen Vernunft« veröffentlichte – ein Meilenstein, auch wenn das Buch zunächst zögernd aufgenommen wurde. Kant führte jene Begriffe ein, die von nun an nicht mehr aus der Sprache der Philosophie wegzudenken waren, vor allem den Terminus »transzendental«, der auf die Voraussetzungen reflektiert, unter denen Erkennen überhaupt erst möglich ist. Alle Erkenntnis, so Kant, kann nur in den Formen stattfinden, die uns unser Verstand vorgibt (etwa Zeit und Raum), und ist in diesem Sinn subjektiv. Über eine darüber hinaus existierende »objektive« Realität können wir nichts sagen. Kant starb am 12. Februar 1804. Seine letzten Worte sollen gewesen sein: »Es ist gut.«

Rechts: Königsberger Dom, an dessen Fassade Kants Grabmal liegt. Unten: Kant-Museum.

KALININGRAD

IMMANUEL KANT

BALTIKUM

Die Länder Litauen, Lettland und Estland werden wohl ewig darum bemüht sein, nicht nur als »die baltischen Staaten« gesehen und individuell wahrgenommen zu werden. Dabei unterstreicht die Bezeichnung ihre Verbundenheit zur Ostsee, denn in vielen Sprachen ist das Binnenmeer als Baltisches Meer bekannt. Jeder einzelne der drei Staaten hat seine unverwechselbaren Glanzpunkte: In Litauen gehört dazu die Kurische Nehrung, in Lettland führt kein Weg an Riga vorbei, und Estland punktet mit seinen beiden Nationalparks Lahemaa und Soomaa.

Zwischen Ostsee und Kurischem Haff erhebt sich seit der Jungsteinzeit ein schmaler Dünenstreifen, die sogenannte Kurische Nehrung, die sowohl Litauen als auch Russland durchzieht.

NATIONALPARK LAHEMAA

Der 1971 gegründete Lahemaa-Nationalpark an der estnischen Nordküste ist der größte und älteste Nationalpark des Landes (und außerdem der erste innerhalb der Sowjetunion). Seine verschiedenen Oberflächenformen spiegeln den Einfluss der letzten Eiszeit und des Meeres wider, zwei Drittel des Parks werden von Wasser bedeckt. Durch die ausgedehnten Fichtenwälder und Föhrenhaine streifen Braunbär, Luchs und der europäische Nerz, über deren Köpfen kreisen Steinadler und Schwarzstorch. Hinzu kommen Elche, Wildschweine und Biber sowie mehr als 200 weitere Vogelarten. In den Flüssen und Seen leben neben Lachsen und Meeresforellen auch die letzten estnischen Flussperlmuscheln. Einige hübsche, weit ins Meer reichende Halbinseln und Buchten geben dem Nationalpark übrigens seinen Namen: Lahemaa bedeutet nämlich so viel wie »Land der Buchten«.

Großes Bild: In der Nähe der kleinen Ortschaft Käsmu (knapp 100 Einwohner) sind der Strand und das Meer übersät von teils riesigen Findlingen, die während der Eiszeit von Gletschern hierher transportiert wurden. Links: Eigentlich gilt die Flussperlmuschel in den baltischen Staaten als nahezu ausgestorben, doch im Lahemaa-Nationalpark findet man noch größere Populationen.

Kostbare Kirchen und noble Patrizierhäuser, die wehrhafte Stadtmauer und das imposante Rathaus legen Zeugnis ab von der reichen Geschichte der estnischen Hauptstadt am Finnischen Meerbusen. Weil der historische Stadtkern von Tallinn, dem alten Reval (bis 1918), als herausragendes Beispiel einer nordeuropäischen Handels- und Hafenstadt des Mittelalters gelten darf, hat die UNESCO die Altstadt in die Liste der Welterbestätten aufgenommen. Die Ursprünge der Stadt führen zurück ins 12./13. Jahrhundert, als auf dem Domberg eine erste Kirche und eine Burg standen. Die Siedlung darunter entwickelte sich im Spätmittelalter zu einer führenden Hansestadt, deren Oberschicht sich hauptsächlich aus deutschstämmigen Kaufleuten zusammensetzte. Die Anlage der Altstadt mit ihren Plätzen, Straßen und verwinkelten Gassen erinnert bis heute an diese Blütezeit des Handels.

Im Mittelalter stieg die von Dänen gegründete Stadt an der Ostsee zu einem Zentrum der Hanse auf. Nach starken Beschädigungen im Zweiten Weltkrieg wurde das Zentrum der estnischen Hauptstadt im Stil des 18. Jahrhunderts wiederaufgebaut. Besonders nachts strahlen die engen Gässchen von Tallinn eine romantische Atmosphäre aus. Das Viru-Tor (unten) stammt aus dem 14. Jahrhundert.

TALLINN: ALTSTADT

Kopfsteingepflasterte Straßen schlängeln sich durch die Altstadt und enden auf mittelalterlichen Marktplätzen. Schmale Seitengänge führen zu manch verwunschenem Hinterhof, der im Sommer herrlich bepflanzt ist. Schmuck renovierte Giebelhäuser in Weiß und Creme stehen links und rechts, dazwischen gemauerte Speicher und Scheunen. Gut 80 Prozent davon stammen noch original aus dem 11. Jahrhundert. Abends sorgen historische Straßenlaternen für besondere Stimmung. Bars, Restaurants und Boutiquen locken zum Bummeln und Verweilen. Zauberhaft sind im Sommer die »Weißen Nächte«, wenn sich das Leben nur auf der Straße abspielt. Die alte, knapp zwei Kilometer lange Stadtmauer mit noch 26 stehenden Türmen schützt den Stadtkern.

Fast wie ein deutsches mittelalterliches Städtchen mutet das historische Zentrum von Tallinn mit seinen Fassaden und Giebeln, Gassen und Plätzen auf den ersten Blick an. Das verwundert nicht, bestand die Ober- und Mittelschicht des einstigen Reval doch jahrhundertelang etwa zur Hälfte aus Deutschen.

TALLINN: KALAMAJA

Die heute rund 430 000 Einwohner zählende estnische Hauptstadt hat seit der Unabhängigkeit des Landes einen Boom erlebt, der sich auch in zahlreichen Neubauten in der Innenstadt niederschlägt. In manchen Stadtteilen lässt sich aber auch noch das authentische Flair vergangener Zeiten nachempfinden. Eines dieser Viertel ist Kalamaja: typisch bunte Holzhäuser, ein besonderes Künstlerflair und hippe, in Cafés verwandelte ehemalige Fabrikgebäude. Das einstige Fischerviertel hat sich zum angesagten Szeneviertel gewandelt und ist auf jeden Fall einen Besuch wert. Wo einst Fischer und Hafenarbeiter lebten und arbeiteten, wo einst Bordelle und andere zwielichtige Etablissements angesiedelt waren, tobt heute das pralle Leben. Rund 8000 Einwohner hat das Viertel im Stadtteil Põhja-Tallinn im Norden der Stadt, und diese wohnen zum Teil in 200 Jahre alten historischen Holzhäusern.

»Fischermaie« hieß das Viertel früher, als ein Großteil der Bevölkerung Tallinns deutsch war. Die alten Holzhäuser entlang der Kopli und anderer Straßen verströmen heute ein künstlerisches Flair.

TALLINN: ALTSTADT

TALLINN: KALAMAJA

TALLINN: MARKTPLATZ UND RATHAUS

Inmitten der Altstadt liegt der Rathausplatz, seit Jahrhunderten Marktplatz und beliebter Treffpunkt der Tallinner. Gesäumt von historischen Bürgerhäusern, wird er beherrscht vom gotischen Rathaus (1404), das noch heute einen Eindruck vom Stolz der Bürgerschaft vermittelt, aber auch von hanseatischer Zurückhaltung. Es herrscht kein Protz, sondern selbstbewusste Schlichtheit, gekrönt von einem markanten Turm. Hoch oben sitzt der »Alte Thomas«, Träger der Wetterfahne und Wahrzeichen der Stadt. In den Kellergewölben wird die Geschichte des Baudenkmals dokumentiert. Eine weitere Attraktion stellt die historische Ratsapotheke dar, die seit 1422 ununterbrochen in Betrieb ist und mit einer Schau von altertümlichen Heilmitteln begeistert. Eine recht verlässliche Empfehlung und Orientierung für gute Restaurants im Zentrum der Stadt bietet der Gastronomiepreis »Silberlöffel«, den die Stadt alljährlich verleiht.

Das Zentrum der Altstadt von Tallinn bildet der herrlich weitläufige Rathausplatz mit seinen zahlreichen historischen Gebäuden, aus denen das Rathaus besonders herausragt.

TALLINN: ALEXANDER-NEWSKI-KATHEDRALE

Mit ihrer rot-weißen Fassade und den fünf Zwiebeltürmen setzt die Alexander-Newski-Kathedrale eindeutige Akzente im Stadtbild. Zar Alexander III. befahl 1894, die Kirche auf einem Martin Luther gewidmeten Platz zu bauen. Nach der Unabhängigkeit Russlands sollten alle Erinnerungen an die Besatzer beseitigt und der prunkvolle Kuppelbau sollte abgerissen werden. Doch dazu kam es nicht. Namensgeber der russisch-orthodoxen Kirche war der Fürst von Nowgorod, Alexander Yaroslavitz Newski, ein russischer Nationalheld, der in der Eisschlacht 1242 die deutschen Ordensritter geschlagen hatte. Läuten die elf Glocken, erklingt die ganze Stadt. Das Glockenensemble ist das kraftvollste aller Kirchen Tallinns; die schwerste Glocke wiegt 16 Tonnen.

Trotz opulenter Ausstattung wirkt die Kathedrale innen licht, hell und freundlich. Zu sehen sind neben drei Altären auch zahlreiche Mosaiken und Glasmalereien. Bekannt ist das Gotteshaus ebenso für seine Ikonen.

TALLINN: MARKTPLATZ UND RATHAUS

TALLINN: ALEXANDER-NEWSKI-KATHEDRALE

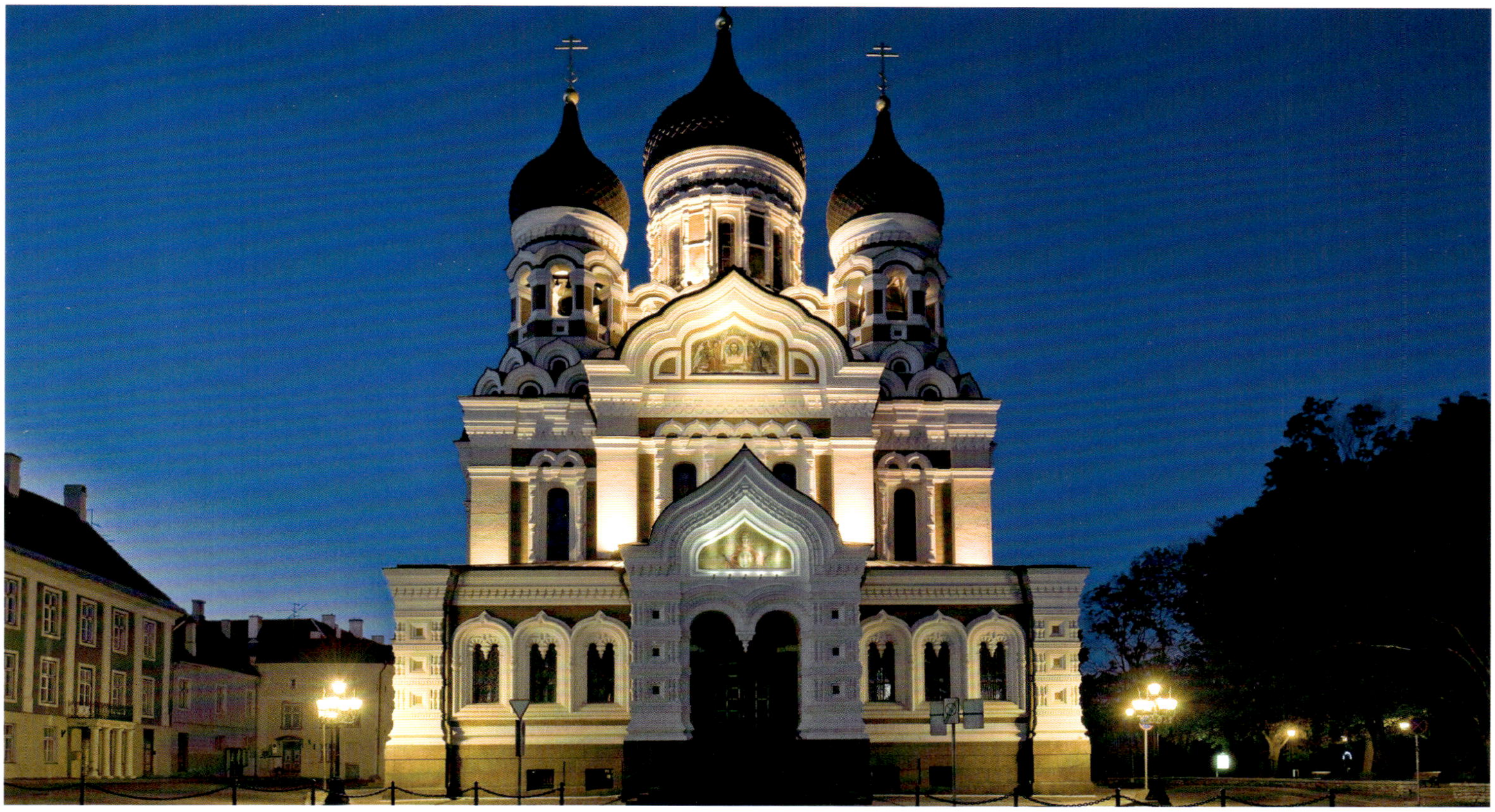

BIOSPHÄRENRESERVAT WESTESTNISCHER ARCHIPEL

Das seit 1990 bestehende Biosphärenreservat Westestnischer Archipel, das einzige Biosphärenreservat Estlands und eines der größten der Welt, liegt im Osten der Ostsee und umfasst die Mehrheit der estnischen Inseln entlang der Westküste des Landes. Die größten dieser Inseln sind Saaremaa, Hiiumaa, Muhu und Vormsi, die alle zur Gruppe der Moonsund-Inseln gehören. Rund 50 000 Menschen leben in diesem Gebiet, die meisten davon in den Städten Kuressaare auf Saaremaa und Kärdla auf Hiiumaa. Die Inseln an der westestnischen Küste sind während und nach der letzten Eiszeit aufgetaucht. Sie bieten alle Ökosysteme, die in den letzten 10 000 Jahren in der Ostsee entstanden sind. Die vorherrschenden Landformen sind marine Anlandungsebenen, von Gletschern abgeschliffene Kalksteinebenen, Dünen, Hügel, Klippen und Landrücken sowie Terrassen.

Die nachtaktiven Ziegenmelker sind geschützte Brutvögel, gegenwärtig gibt es etwa 5000 von ihnen in Estland. Ihre Flügelspannweite beträgt mehr als einen halben Meter, aber sie wiegen nur etwa 80 Gramm (unten rechts).

HIIUMAA

Der Legende nach lebte hier einst der Riese Leiger mit seiner Frau Tiiu. Daher stammt wohl auch der Name dieser Insel: Hiiumaa. »Hiid« ist das estnische Wort für Riese, »maa« bedeutet Land. Das Land der Riesen. Findlinge aus der letzten Eiszeit liegen überall verstreut, schmelzende Gletscher haben sie zum Vorschein gebracht. Uralte Sagen ranken sich um sie, auch um die ersten schwedischen Siedler, die mit ihrer hünenhaften Größe den estnischen Bewohnern wie Riesen erschienen. Ein gewaltiger Knall hatte das Eiland überhaupt erst entstehen lassen – als ein Meteorit einschlug. Das ist etwa 500 Millionen Jahre her, heute steht die Hauptstadt Kärdla an seinem Kraterrand. Weniger als 4000 Einwohner zählt der Ort, der mit seinen kleinen Holzhäusern und Gärten ziemlich verschlafen wirkt. Die Küste ist felsig, einsam und still. Möwen kreischen, und auch Schwäne, Kraniche und Enten können Gäste hier beobachten.

Hiiumaa ist mit ihren rund 965 Quadratkilometern die zweitgrößte Insel Estlands. Grundsätzlich ist die Insel recht flach, die höchste Erhebung ist mit 68 Metern der Tornimägi.

BIOSPHÄRENRESERVAT WESTESTNISCHER ARCHIPEL

HIIUMAA

SAAREMAA

Mit ihren 2700 Quadratkilometern ist Saaremaa die größte Insel Estlands. Die über 1000 Kilometer lange Küste ist auffallend zerfranst und gliedert sich in zahlreiche Halbinseln und Buchten. Als längste Landzunge schiebt sich Sõrve im Südwesten fast 30 Kilometer weit in den Rigaischen Meerbusen. An ihrem Ende erhebt sich ein eindrucksvoller Leuchtturm. Nicht minder imposant zeigt sich die Bischofsburg im Hauptort Kuressaare, die der Deutsche Orden 1380 als Residenz des Bischofs von Ösel-Wiek errichtete. Im 19. Jahrhundert sorgte Kuressaare als Kur- und Badeort für Furore, bereits 1840 öffnete hier die erste Schlammheilstätte. 20 Kilometer nordöstlich der Stadt befindet sich eine beeindruckende Natursehenswürdigkeit – hier schlug vor rund 4000 Jahren ein Meteorit ein, der den 16 Meter tiefen Krater von Kaali mit seinen acht Nebenkratern schuf.

Unten: Als eine gigantische Kalksteinmauer ragt die Steilküste Panga direkt am Strand empor. Sonnenuntergänge sind hier besonders schön anzusehen. Wer sich aus dem Trubel des Alltags zurückziehen möchte, ist auf Saaremaa mit seinen Windmühlen und dem Leuchtturm von Sÿrve (links) am Südzipfel richtig. Viele Strandabschnitte zeigen sich auch in der Hauptsaison menschenleer (ganz links).

SAAREMAA: NATIONALPARK VILSANDI

Die Esten staunten nicht schlecht, als sie 1991 unabhängig wurden und plötzlich wieder ihre Ostseeinseln betreten durften, die während des Kalten Krieges militärisches Sperrgebiet gewesen waren. Dank dieser Isolation hat sich dort bis heute ein Naturparadies erhalten, wie man es in der Ostsee kein zweites Mal findet: die Vogelwelt von Vilsandi, der westlichsten bewohnten Insel Estlands – wobei »bewohnt« ein mutiger Begriff ist, weil sich gerade einmal 30 Seelen hier verlieren. 250 verschiedene Vogelarten sind auf der Insel zu beobachten, die Hälfte von ihnen nistet auch hier. Der Bogen spannt sich von Eiderenten und Weißwangengänsen über Seeschwalben und Mantelmöwen bis zu Seeadlern und Steinwälzern. Wegen dieser einzigartigen Vielfalt wurde Vilsandi schon 1910 zum ersten Vogelschutzgebiet des Baltikums erklärt und 1993 in den Rang eines Nationalparks erhoben.

Der Nationalpark Vilsandi umfasst neben der Hauptinsel mehr als 100 kleine und große vogelreiche Inseln, Seehundbänke, Laichgebiete für Fische und verschiedene Strandlandschaften. Über 250 Vogelarten gehören zu den vor Ort brütenden Vögeln. Seemöwe, Floridaente, Gänsesäger und Bergente leben ganzjährig hier. Küstenseeschwalbe, Weißwangengans und Eiderente (Bildleiste von oben) sind Saisongäste.

NATIONALPARK SOOMAA

Estland bietet eine überwiegend weite, flache, unaufgeregte Landschaft – und so dürfte die Sumpflandschaft von Soomaa die typischste estnische Region überhaupt darstellen. Vier große Moore gibt es hier, die von großflächigen Sümpfen, Seen, Auen und Wäldern eingefasst sind und einmal im Jahr, immer nach der Schneeschmelze, nahezu vollständig überflutet werden. Die Metamorphose der Landschaft ist so erstaunlich, dass sie die Esten »die fünfte Jahreszeit« getauft haben. Hunderte von Quadratkilometern verschwinden dann unter meterhohen Wassermassen, die wochenlang nicht abfließen. In dieser Zeit kommt man praktisch nur mit einem Kanu, Kajak oder dem sogenannten Einbaumboot voran. Während man ruhig über das Wasser gleitet, sieht man Tiere und Vögel, die sich sonst in der Tiefe des Waldes oder in den Bäumen am Fluss verbergen.

Soomaa, der zweitgrößte Nationalpark Estlands, ist mit seinen großen und nahezu unberührten Mooren (links) sowie den natürlich verlaufenden Flüssen (ganz links) sozusagen der Inbegriff estnischer Natur – und versprüht bei Nebel eine nahezu mystische Atmosphäre (unten). Die Natur darf in Soomaa noch Natur sein; der Mensch hat hier nur wenige Spuren hinterlassen.

RIGA

Vor 800 Jahren wurde Riga als verkehrsgünstig gelegene Kaufmannsniederlassung gegründet. Heute wartet die lettische Hauptstadt mit zahlreichen historischen Bauwerken und schönen Parklandschaften auf. Riga liegt an der Mündung der Düna in die Ostsee und ist nach mehreren Jahrhunderten der Fremdherrschaft seit 1918 die Hauptstadt Lettlands. Mit über 700 000 Einwohnern und einer breit gefächerten Industrie, mehreren Universitäten und Hochschulen ist sie auch die größte und bedeutendste Stadt des Landes. Am rechten Ufer der Düna erhebt sich die Altstadt und am linken die im 19. Jahrhundert entstandene Neustadt. Beide Stadtteile sind reich an bedeutenden Baudenkmälern aus verschiedenen Stilepochen. Während in der Altstadt Renaissance und Barock überwiegen, kann man in der Neustadt eine außergewöhnliche Dichte an einmaligen Zeugnissen des Jugendstils entdecken.

Im historischen Stadtkern der lettischen Hauptstadt findet sich neben mittelalterlichen Kirchen und Kaufmannshäusern eine der schönsten Ansammlungen von Jugendstilgebäuden in Europa.

RIGA: ALTSTADT

Nur etwa einen Quadratkilometer ist Rigas Altstadt groß, ein kleines und kompaktes Areal, auf dem sich die Sehenswürdigkeiten geradezu ballen: Rathaus, Katzenhaus, Große und Kleine Gilde, Pulverturm, Petrikirche und viele geschichtsträchtige Bauten mehr. Doch wer nur im Eiltempo die historischen Gebäude abhakt, wird das bunte Flair der Stadt nicht erleben. Bei Sonnenschein locken Straßencafés mit Kringels, dem traditionellen süßen Mandelgebäck. Die Bewohner Rigas rauschen vorbei, immer geschäftig und schick gekleidet. Hohe Absätze klackern im irrsinnigen Stakkato auf dem holprigen Kopfsteinpflaster. Eher ruhig und gemütlich ist das Alte Riga in der Rozena-Straße, in der die Häuser nur eine Armesbreite auseinanderstehen.

Nahezu leergefegt sind die Straßen der Altstadt bei Nacht: die Pils iela (unten) und der Platz vor der Stadthalle (rechts). Tagsüber wird hier auf Souvenirmärkten eingekauft, Kunst in Galerien und Geschichte in Museen genossen oder in einem der vielen Restaurants und Cafés in aller Ruhe gespeist.

RIGA

RIGA: ALTSTADT

RIGAS JUGENDSTIL: ÜBERRASCHENDE VIELFALT DER FORMEN

Wer die Neustadt von Riga erkundet, entdeckt einen Reichtum an Jugendstilgebäuden, der den Vergleich mit berühmteren Ensembles wie denen in Wien oder Prag nicht zu scheuen braucht. Insgesamt schmücken an die 800 Jugendstilbauten die Stadt. Nach der Schleifung der Festungswälle 1863 wurden die gewonnenen Freiflächen jenseits der Altstadt bebaut. Der Rigaer Jugendstil ist besonders mit dem Namen Michail Eisenstein verbunden, dem Vater des berühmten Filmregisseurs Sergej Eisenstein. Als Leiter des städtischen Bauamtes schuf der Architekt und Ingenieur ab 1893 eine Vielzahl der herausragendsten Gebäude mit einer ungeheuren Fülle an Formen und Skulpturen. Eines der berühmtesten ist das an Verzierungen kaum zu überbietende Wohnhaus in der Elizabetes iela 10b mit seinen neun Fensterachsen und den überdimensionalen Köpfen am Giebel. Hier scheint das Dekorative beinahe an die Grenzen des Möglichen zu stoßen. Auch in der nahen Alberta iela und der Strelnieku iela sowie in der Smilšu iela in der Altstadt sind geradezu verschwenderisch verzierte Fassaden zu besichtigen. Es war aber nicht Michail Eisenstein allein, der das Bild der Stadt um die Wende zum 20. Jahrhundert prägte. Auch andere Architekten wie etwa Konstantīns Pēkšens hinterließen mit ihrer etwas sachlicheren Formgebung ein reiches Erbe.

Prunk- und stilvoll präsentiert sich die Fassade in der Elizabetes iela 10b (links), die Michail Eisenstein entworfen hat. Frauenfiguren, Blumen- und Pflanzenzeichnungen, Linienwindungen und Masken – die Häuser der Strelnieku iela (großes Bild), Gertrudes iela und Alberta iela (Bildleiste unten) sind Musterbeispiele. Links: das Treppenhaus im Museum der Alberta iela 12, das Konstantins Pekšens entwarf.

RIGA: DOM ST. MARIEN

Der spätromanische, ab dem Jahr 1211 aus Backstein erbaute und immer wieder erweiterte Mariendom im Herzen der Altstadt von Riga ist nicht nur ein Gotteshaus, sondern ein Zeugnis geistlicher Macht, die mit den reichen Hansekaufleuten und den Vertretern des Deutschen Ordens konkurrierte. Sieger im Prestigewettbewerb war die Kathedrale des Erzbischofs mit ihrem 140 Meter hohen Turm (1595). Baufällig geworden, musste dieser allerdings im 18. Jahrhundert einem Barockturm von 90 Meter Höhe weichen. Die gotische Innenausstattung der größten Kirche des Baltikums fiel dem Bildersturm der Reformation zum Opfer, wurde aber im 17. Jahrhundert erneuert. Dazu gehören die barocken Holzschnitzwerke der Kanzel (1641), des Schwarzhäuptergestühls (1693) und vor allem des Orgelprospekts (1601). Die Walcker-Orgel von 1884 war mit 6718 Pfeifen, vier Manualen und 124 Registern damals eine der größten der Welt.

St. Marien, der mächtige Backsteinbau mit viereckigem Turm, wurde im Jahr 1211 als romanische Hallenkirche begonnen und im Laufe der Jahrhunderte mehrfach umgebaut. Er ist der größte Sakralbau des Baltikums. Zu seinen Schätzen zählen eindrucksvolle Glasfenster, die Episoden aus der Stadtgeschichte nacherzählen (unten).

Er hat den besten Blick über Altstadt, Düna und Ostsee: der goldene Hahn auf der über 123 Meter hohen Kirchturmspitze von St. Petri. Auch der Panoramablick, den Besucher von der Aussichtsplattform auf 72 Meter Höhe genießen, ist großartig. Doch das Glück war den Kirchtürmen nicht hold. Der erste stürzte ein, seinen Nachfolger, ein prächtiges Barockexemplar und mit 136 Metern damals höchste Holzkonstruktion weltweit, traf der Blitz, den folgenden zerstörten deutsche Bomben. Erst 1973 begann der Wiederaufbau des Kirchturms erneut. Die Ursprünge der Petrikirche stammen aus dem Jahr 1209. Erhalten sind noch die äußeren Wände im Seitenschiff und ein paar Pfeiler im Inneren. Verschiedene Um- und Neubauten ergaben das heutige Aussehen der dreischiffigen Basilika im Stil der Backsteingotik aus dem 15. Jahrhundert. Heute dient die Kirche als Raum für Kunstausstellungen und immer wieder auch Konzerte, denen die bemalten, gotischen Glasfenster eine einzigartige Stimmung verleihen.

Die Decke des Mittelschiffs (links) ist imposante 30 Meter hoch. Die gesamte Innengestaltung berührt durch ihre Schlichtheit im Stil der Backsteingotik. Die Heiligen Peter und Paul zeigt dieses Buntglasfenster (1885) des Dresdner Meisters Bruno Urban (unten).

RIGA: SCHWARZHÄUPTERHAUS

Das eindrucksvolle Bauwerk am historischen Rathausplatz wurde 1334 als Gilde- und Versammlungshaus errichtet. Ursprünglich im Stil der Gotik erbaut und später mehrfach verändert, erhielt es im 17. Jahrhundert seine großartige Renaissancefassade mit zahlreichen Figuren und Reliefs. Als Schwarzhäupterhaus wird das Gebäude erst seit der zweiten Hälfte des 17. Jahrhunderts bezeichnet. Namenspatronin ist die Kaufmannsvereinigung, die das Haus damals schon seit mehr als zwei Jahrhunderten genutzt hatte. »Schwarzhäupter« nannten sich die Mitglieder eines Bundes von Kaufmännern vorwiegend deutscher Herkunft in Riga und einigen anderen Städten des Baltikums. Im Zweiten Weltkrieg wurde das Gebäude fast vollständig zerstört. Gut ein halbes Jahrhundert später, 1995 bis 1999, wurde das Haus originalgetreu wiederaufgebaut.

Auf dem Rathausplatz steht das prächtige Schwarzhäupterhaus – eine baltische Besonderheit, denn dort trafen sich Händlervereinigungen unverheirateter ausländischer Kaufleute, darunter auch die deutsche »Compagnie der Schwarzen Häupter«, die man nach ihrem Schutzheiligen, dem oft als Mauretanier dargestellten Mauritius, als »Schwarzhäupter« bezeichnet.

SCHLOSS RUNDALE

Schloss Rundale, das größte Barockensemble Lettlands, zeigt, wie sehr der Bau eines Schlosses vom Schicksal seines Erbauers abhängt: Ernst Johann von Biron, Herzog von Kurland und Günstling von Zarin Anna, legte 1736 den Grundstein für seine Sommerresidenz. Drei Jahre später verlor der Herzog nach dem Tod der Zarin alle seine Ämter und wurde nach Sibirien verbannt. Schon im folgenden Jahr hob Zarin Elisabeth I. die Verbannung wieder auf. Weitere 20 Jahre mussten vergehen, bis von Biron 1763 auch seinen Herzogtitel wiedererlangte. Dann erst konnte er den Bau fortsetzen und die Sommerresidenz 1769 vollenden. Entworfen wurde das zweistöckige Barockschloss vom italienischen Architekten Bartolomeo Francesco Rastrelli, dem Erbauer des Winterpalasts in Sankt Petersburg. Heute sind viele der insgesamt 138 Räume als Museum zu besichtigen.

Nicht nur in Sankt Petersburg finden sich in der barocken Architektur italienische Einflüsse, zu sehen sind sie auch am Schloss Rundale. Kein Wunder, denn es stammt von Rastrelli, der als Jugendlicher nach Russland gekommen war und dort der neuen Hauptstadt seinen künstlerischen Stempel aufgedrückt hat. Die Herrlichkeit der damaligen Zeit offenbart sich im Goldenen Saal mit seiner Deckenbemalung (unten rechts).

KURLAND

Die historische Landschaft Kurland wird von den Küsten der Ostsee und des Rigaischen Meerbusens sowie dem Fluss Düna begrenzt. Im 13. Jahrhundert eroberte der Schwertbrüderorden die Region, anschließend unterstand Kurland dem Deutschen Orden. Unter Herzog Jakob Kettler (1610–1682) unterhielt Kurland enge Handelsbeziehungen zu Westeuropa und besaß einige Jahre sogar eine Kolonie auf der Karibikinsel Tobago. Bis zur Unabhängigkeit Lettlands 1918 war Jelgava die Hauptstadt Kurlands, im Schloss Jelgava befinden sich die Sarkophage aller kurländischen Herzöge. Ventspils und Liepaja sind mit ihren eisfreien Häfen seit dem Mittelalter die wichtigen Handelsstandorte der Region. Noch heute zeugt die Burg des Schwertbrüderordens in Ventspils von der bewegten Geschichte. Das alte Speicherviertel in Liepaja unterstreicht die Bedeutung des Handels.

Die Küste vor Ventspils gaukelt vor, dass Kurland nur aus Naturidylle besteht (unten). Doch die Zeiten waren lange bewegt. Immer wieder wechselten die Herrscher, wovon Schlösser und Burgen verschiedener Epochen zeugen (ganz links). Im Freilichtmuseum von Jurmala können Besucher erleben, wie die Fischer im 19. Jahrhunderts lebten und arbeiteten (links).

KLAIPEDA

An der Nordspitze der Kurischen Nehrung, dort, wo sich das Wasser des Kurischen Haffs mit dem der Ostsee verbindet, liegt Klaipeda. Die Stadt ist der wichtigste Hafen von Litauen und verbindet das Land mit dem Rest der Welt. Im 13. Jahrhundert hatten Kaufmänner aus Dortmund die Stadt Memel gegründet, die mit Unterbrechungen bis zum Ende des Zweiten Weltkriegs zum Deutschen Reich gehörte. Mit der Eingliederung in die Sowjetunion wurde aus Memel Klaipeda. Die Stadt ist maritim geprägt: Die Hafenanlagen ziehen sich kilometerweit am Ufer entlang. Für Besucher reizvoller sind die endlos lang erscheinenden Sandstrände. Die Altstadt hat sich mit ihren Fachwerkhäusern ihren Charme bewahrt. Einen Besuch wert sind auch das Meeresmuseum in einem alten Fort und das ehemalige Segelschulschiff »Meridianas«, auf dem ein Restaurant einlädt.

Ohne Klaipedas Hafen hätte Litauen eine zu vernachlässigende wirtschaftliche Bedeutung. Die Stadt nutzt ihre Lage: Beträchtliche Mengen des in Russland geförderten Erdöls werden über Klaipeda umgeschlagen, die Hafenanlagen sind entsprechend ausgebaut. Die Stadt ist eher kein Anziehungspunkt für Touristen, versucht aber in den letzten Jahren einen Imagewandel und Besucher vermehrt anzulocken.

KURISCHE NEHRUNG

Der Sage nach schüttete die Riesin Neringa als Schutz vor dem tobenden Meeresgott Bangputis den Sand aus ihrer Schürze zur Kurischen Nehrung auf. In dem dadurch von der Ostsee abgeschnittenen Kurischen Haff wähnen sich die Fischer seitdem in ruhigen Gewässern. Geologen erklären die Nehrung als eine Kette von eiszeitlichen Endmoränenhügeln, zwischen denen sich Sand abgelagert hat. Die fast 100 Kilometer lange Nehrung ist an manchen Stellen nur 400 Meter breit, an anderen Abschnitten dehnt sie sich auf fast vier Kilometer aus. Der längste Sandstrand Europas mit seinen bis zu 60 Meter hohen Dünen ist hausgemacht, denn die ehemals dichten Wälder fielen in den letzten Jahrhunderten Rodungen zum Opfer. Der bloßliegende Boden wurde vom Wind zu jener einzigartigen Dünenlandschaft aufgetürmt, die heute zum UNESCO-Welterbe gehört.

Die Wanderdünen und ihre Randgebiete aus verlandenden Strandseen und Niedermooren beheimaten einmalige Lebensgemeinschaften von allein 632 Gefäßpflanzen, 45 Moos- und 48 Flechtenarten. Den Zugvögeln, wie etwa den Störchen (Bildleiste unten), dient die helle Sandfläche als Richtungsweiser nach Süden, aber auch als Energiequelle, denn im Aufwind des wärmeren Sandes sparen die Vögel viel Kraft.

KURISCHE DÖRFER: BUNTE HÄUSER, BUNTE GÄRTEN

Goldgelb, tiefrot oder strahlend kurisch-blau – die bunten Fischerhäuser aus Holz sind typisch für die Kurische Nehrung. Geschnitzte Pferdeköpfe wachen auf den Giebeln, während sich Hähne und Schiffe als Wetterfahnen im Wind drehen. Mit den ersten Sonnenstrahlen verwandeln sich die kleinen Gärten in blühende Paradiese. Rote Rosen, blauer Rittersporn und gelbe Ranunkeln vereinen sich zu duftenden Bildern. Längst sind die Fischer weggezogen und Cafés, Boutiquen und Galerien haben die Häuser übernommen. Vielleicht haben die Fischer ihre Hütten so farbenfroh und lebensbejahend gestaltet, um einen Kontrast zu ihrem harten Leben auf See zu haben, zumindest in der Zeit, als es die Nehrung noch nicht gab. Aber nicht nur Wasser machte den Bewohnern das Leben schwer, viel gefährlicher war der Sand. Zwar ist auch die Nehrung durch Sandanspülungen und hohe Dünen, die der stetige Nordwestwind zur Haffseite hin anhäufte, entstanden, aber die Sandberge wanderten nach Osten und begruben die Dörfer. Manche wie Nida, Pillkoppen oder Preeden wurden mehrfach verschüttet. Der Blick von den sandigen Schönheiten über das spiegelglatte Haff, die schaumbekränzte Ostsee und das schier endlose Sandmeer geht ins Herz. Kein Wunder, dass viele Künstler noch heute hierher kommen.

Kein Wunder, dass sich Schriftsteller wie Thomas Mann gern in den bunten Dörfern der Kurischen Nehrung niederließen, so inspirierend wirkt die Farbvielfalt. Im Herbst, wenn das Licht weich und warm wird, die Farben gleichsam explodieren lässt, ist es fast am schönsten in Nida (alle Abbildungen). Obstbäume biegen sich dann unter der süßen Last von Äpfeln, Birnen und Pflaumen – Naschen erlaubt!

KURISCHE NEHRUNG: NATURRESERVAT NAGLIAI

Die Dünenlandschaft des Naturschutzgebietes Nagliai liegt im Nationalpark Kurische Nehrung zwischen Juodkrante und Pervalka und erstreckt sich über neun Kilometer. Die »Tote« oder auch »Graue Düne« ist eine Ansammlung sandverwehter Hügel mit Gruben und Höhlen, die mit Kräutern bewachsen sind und Fragmente alten Waldbodens enthalten. Zwischen den Jahren 1675 und 1854 wurden hier vier Dörfer begraben und befinden sich noch immer tief unter dem Sand. Die fragile Landschaft bedarf einer konstanten Pflege und Aufmerksamkeit, um das empfindliche Gleichgewicht des Ökosystems zu erhalten. Bis auf einen 1000 Meter langen Naturpfad darf das gesamte Dünengebiet deshalb nicht betreten werden und jeglicher menschliche Eingriff ist ist hier untersagt. Allein für Forschungszwecke wurden Beobachtungspunkte errichtet.

Thomas Mann, wohl einer der berühmtesten Sommergäste auf der Kurischen Nehrung, schrieb bereits in den 1930er-Jahren über das ausgedehnte Dünengebiet: »... man glaubt, in der Sahara zu sein.« Zwar erscheint die Kurische Nehrung auf Satellitenbildern nur als Strich in der Landschaft, doch auf fast 100 Kilometer Länge kommt einiges an Sand zusammen.

BERNSTEIN

Für Schmuckliebhaber ist Bernstein eine Besonderheit. Zwar ist er lange nicht so wertvoll wie die Edelsteine Smaragd, Diamant oder Rubin. Aber er gilt als reizvoller und wärmer und ist mit manchem Mythos verknüpft. Trotz seines Namens ist der Bernstein kein Stein, sondern fossiles Harz. Man findet ihn an vielen Stellen der Erde. Am bekanntesten ist der Baltische Bernstein aus der Ostseeregion. Zu Beginn des Paläogens wuchs ein ausgedehnter Bernsteinwald aus Kiefern auf dem Gebiet der heutigen Länder Schweden und Finnland. Vor rund 40 Millionen Jahren versanken die Bäume im sumpfigen Untergrund. Das steigende Meerwasser wusch das Harz aus und verlagerte es. Unter einer Sand- und Geröllschicht wandelte es sich schließlich zu Bernstein. Die Suche nach den honiggelben Klumpen wird schon lange nicht mehr dem Zufall überlassen, sondern im Tagebau betrieben. Für Hobbysucher bleiben nur selten Funde am Strand. Die schönsten Stücke des Rohmaterials werden seit der Jungsteinzeit zu Schmuck verarbeitet, der heute in allen Ortszentren entlang der Ostseeküste angeboten wird. Ein spezielles Sammlerinteresse bilden die sogenannten Inklusen. Dabei handelt es sich um Insekten oder andere kleine Tiere, die lebend vom klebrigen Harz umschlossen und so über Millionen Jahre konserviert wurden.

Wer Bernstein findet, kann sich glücklich schätzen. Die Stücke sehen nie so poliert aus, wie man es vom Schmuck kennt – entsprechend unauffällig sind sie (ganz links). Ein Sonntagskind muss derjenige sein, der Bernsteine mit eingeschlossenen Insekten entdeckt (unten und links). Da sie bei Sammlern begehrt sind, gibt es immer wieder Fälschungen. Das Bernsteinmuseum in Palanga informiert auch hierüber.

POLEN

Polens Küste bietet Naturschätze, die an der Ostsee einmalig sind: Die Wanderdünen bei Leba gehören zu den höchsten Europas, die schmale Halbinsel Hela fällt auf jeder Karte sofort ins Auge. Mit Danzig und Marienburg erwarten den Besucher aber auch Kulturgüter ersten Ranges. Wer dagegen auf eher schlichtes Vergnügen setzt, kann unter zahlreichen Badeorten und kilometerweiten Stränden wählen. Jeder wird also einen besonderen Ort für sich finden, der einen Aufenthalt an der polnischen Ostsee unvergesslich werden lässt.

Ein Nationalpark nimmt etwa ein Fünftel der Insel Wolin ein. Die Landschaft ist sehr abwechslungsreich, ein charakteristisches Element ist ein sich über 15 Kilometer ausdehnendes und bis 95 Meter hohes Kliff.

Polen hat über 120 Landschaftsparks. Einer der exponiertesten ist das Landschaftsschutzgebiet auf der polnischen Seite der Frischen Nehrung, das unter dem besonderen Schutzstatus »Natura 2000« der Europäischen Union steht. Auf rund 70 Kilometer Länge riegelt die Landzunge das Frische Haff gegen die Ostsee ab, in der Mitte geteilt durch die polnisch-russische Grenze. Rund um den Ort Kàty Rybackie (Bodenwinkel) wurde ein Vogelschutzgebiet eingerichtet, in dem 23 000 Kormorane leben und andere Vogelarten wie Seeschwalbe und Regenpfeifer beheimatet sind. Weiter östlich liegt Krynica Morska (Kahlberg-Diep). Das einst mondäne Seebad kann bei seinen Besuchern noch immer mit dem langen Strand und dem roten Leuchtturm punkten. In der anschließenden Dünenlandschaft misst die höchste Erhebung fast 50 Meter über dem Meeresspiegel.

Die meisten Erholungsuchenden, die es auf die Nehrung zieht, suchen einen Strand aus feinem Sand. Ein Plätzchen zum Sonnen findet sich immer, und sei es zwischen Fischerbooten. Schon im Sozialismus war Polens Ostseeküste ein beliebtes Ziel für die Bevölkerung. Die meisten Besucher kamen aus dem Inland und erfreuten sich an ihren heimischen Stränden und Städten. Heute ist das Publikum internationaler.

FROMBORK

Direkt am Frischen Haff, nahe der Grenze zum russischen Kaliningrader Gebiet, liegt das Städtchen Frombork (Frauenburg). Bei nur rund 2500 Bewohnern wartet es mit einer imposanten Kathedrale auf. Wuchtig thront sie auf einem Hügel, der Astronom Nikolaus Kopernikus war im 16. Jahrhundert im Domkapitel tätig und hat im Gotteshaus seine letzte Ruhestätte gefunden. Die genaue Lage des Grabs ist jedoch unbekannt. Heute erinnert ein Museum in der Domburg an Kopernikus' Leben und seine bahnbrechenden Erkenntnisse zum Sonnensystem. Die Geschichte von Frombork ist aber noch älter: 1282 wurde es zum ersten Mal urkundlich als Sitz des Domkapitels von Ermland erwähnt. Am Ende des Zweiten Weltkriegs wurde die Stadt zu 80 Prozent zerstört. Die mittelalterliche Architektur zeugt indes noch immer vom einstmaligen Glanz.

Wohl nur wenige Städte von bescheidenen Ausmaßen können mit einer derart pompösen Kathedrale wie Frombork aufwarten. Wie ein Fremdkörper erhebt sie sich majestätisch über die Dächer der Wohnhäuser (großes Bild). Die Innenausstattung ist detailreicher, als es die Fassade vermuten lässt: Das Mittelschiff zeigt eine eindeutig barocke Gestaltung (unten rechts).

NIKOLAUS KOPERNIKUS

Mit seinem Namen ist eine der größten Entwicklungen der Wissenschaft überhaupt verbunden, die »kopernikanische Wende«. Denn Nikolaus Kopernikus formulierte die Einsicht, dass die Erde sich um die Sonne dreht und nicht umgekehrt. Doch der Mann, der 1473 als Nicolai Koppernigk im polnischen Thorn geboren wurde und seinen Namen erst später latinisierte, hätte diesen Umschwung allein nicht geschafft: Er wusste, dass die Sonne im Mittelpunkt steht, aber er konnte es nicht beweisen. Erst mehr als ein halbes Jahrhundert nach seinem Tod verhalfen Galileo Galilei und Johannes Kepler der neuen Sichtweise zum Durchbruch. Kopernikus studierte 15 Jahre lang in Krakau, Bologna, Ferrara und Padua, unter anderem Mathematik, Astronomie, alte Sprachen, Kirchenrecht und Medizin. Zurück in Polen, wurde er durch Beziehungen zum Kanzler des Ermländer Domkapitels (Ostpreußen) ernannt – eine Verwaltungsaufgabe mit politischen, militärischen, kirchlichen und medizinischen Aspekten. Seine astronomischen Studien betrieb er in dieser Zeit nebenbei, seine Erkenntnisse vermittelte er nur in Gelehrtenkreisen. Erst kurz vor seinem Tod entschloss er sich, sein Hauptwerk »De revolutionibus orbium coelestium« (»Über die Kreisbewegungen der Himmelskörper«) zu veröffentlichen. Er starb am 24. Mai 1543 an einem Schlaganfall.

Großes Bild: Diese aus dem Jahr 1660 stammende Illustration zeigt das Universum nach der Auffassung Kopernikus', bei der die Sonne im Mittelpunkt steht und nicht mehr – wie bis dahin angenommen – die Erde. Bildleiste unten: Kopernikus ist der wohl bekannteste Sohn des polnischen Torun (Thorn), vor dessen Rathaus das Nikolaus-Kopernikus-Denkmal steht. Der Wissenschaftler wurde 1473 in dem Ort geboren.

Von welcher Seite auch immer der Blick auf die Silhouette des Danziger Stadtkerns fällt – die Marienkirche lässt sich nicht als ihr höchstes Gebäude ausblenden. Sie ist die mächtigste Backsteinkirche der Welt und zählt mit 25 000 möglichen Besuchern zu Europas größten Gotteshäusern. Flankiert wird ihr 82 Meter hoher Turm von vier anderen Türmen: Im Norden ragen die Spitzen der wuchtigen Katharinenkirche sowie der beiden bescheideneren Brigittenkirche und Nikolaikirche aus dem Häusermeer heraus. Nur einen Steinwurf von der Marienkirche entfernt, steht im Süden das Rechtstädtische Rathaus, das mit einem filigranen Turmdach auf sich aufmerksam macht. Ein besonders beeindruckendes Bild der Stadtsilhouette bietet sich vom Flusslauf der Alten Mottlau aus. Dort erinnert das Krantor an die Tradition, die Danzig seit Jahrhunderten als Hafenstadt hat.

Großes Bild: Zwei große Kirchen prägen Danzigs historischen Kern: die Marienkirche, im Hintergrund die Katharinenkirche. Wer Treppenstufen nicht scheut, darf den Aufstieg auf die Marienkirche nicht verpassen. Die Aussicht auf das Zentrum lohnt sich. Spätestens beim zweiten Blick fällt allerdings auf, dass der schöne Schein etwas trügt: Nicht alles ist historisch echt, was als Original erscheint.

DANZIG: RECHTSTADT

Danzig gliedert sich in drei Stadtteile: Altstadt, Rechtstadt und Alte Vorstadt. Entgegen der ersten Annahme, die Altstadt verkörpere das attraktive Zentrum, präsentiert sich die Danziger Rechtstadt als eigentliches Schatzkästlein. Nach dem Zweiten Weltkrieg lagen die historischen Bauten hier zwar in Schutt und Asche. Die Straßenzüge wurden jedoch so brillant rekonstruiert, dass Besucher sich in eine unberührte Vergangenheit zurückversetzt fühlen. Vom Goldenen Tor durch die Langgasse bis zum Langen Markt reiht sich eine farbenprächtige Barockfassade an die andere. Ein Blickfang ist der Neptunbrunnen vor dem Artushof aus dem Jahr 1617. Im Schatten der mächtigen Marienkirche liegt die Frauengasse, in der zahlreiche Händler Schmuck aus Bernstein anpreisen. Und zwischen dem Grünen Tor und dem Krantor am Ufer der Alten Mottlau locken zahlreiche Cafés.

»Auferstanden aus Ruinen«, so lautet das Motto von Danzigs altem Zentrum. Am Langen Markt ziehen der Neptunbrunnen (unten) und zahlreiche schmucke Hausfassaden die Aufmerksamkeit auf sich (rechts).

DANZIG: ALTER HAFEN

An der Stelle, an der die Weichsel in die Ostsee mündet, liegt Danzig. Der Hafen war von jeher bedeutend für die Stadt. Zur wirtschaftlichen Blüte kam es durch die Mitgliedschaft zur Hanse ab 1361. Davon zeugt heute der Alte Hafen am Fluss der Mottlau, der sich direkt an den Stadtteil Rechtstadt anschließt. Heute hat sich am Wasser eine Flaniermeile etabliert, auf der Restaurants und Souvenirgeschäfte um die Gunst der Besucher buhlen. Von der Anlegestelle aus starten Ausflugsdampfer zur Rundfahrt durch den modernen Hafen oder zur Nachbarstadt Zoppot. Das prägendste Überbleibsel der goldenen Hansezeit ist das Krantor. Ursprünglich war es 1444 errichtet worden, nach der Zerstörung im Zweiten Weltkrieg ragt es rekonstruiert über die Kaimauer. Neben dem Be- und Entladen von Schiffen diente das Krantor vor allem dazu, Masten in Schiffneubauten einzusetzen.

Die schönste Zeit für einen Bummel am Westufer der Mottlau zum Krantor ist vielleicht die Abenddämmerung (unten rechts). Aber auch bei Tageslicht zeigt sich der Hafen pittoresk.

DANZIG: RECHTSTADT

DANZIG: ALTER HAFEN

DEUTSCHORDENSSCHLOSS MARIENBURG

Die Ritter des Deutschen Ordens, die ihren Hauptordenssitz 1291 von Palästina nach Venedig verlegt hatten, bauten ab 1226 eine rund 50 Kilometer südöstlich vom heutigen Danzig gelegene alte preußische Burganlage aus. 1280 wurde die Marienburg Konventssitz. Von hier aus begannen die Ritter mit der Eroberung und Bekehrung Pruzzens (Preußens), ausgestattet mit diversen päpstlichen und kaiserlichen Privilegien. Im Zeitalter der Reformation wurde es in ein erbliches Herzogtum unter polnischer Lehnshoheit umgewandelt. Im 18. Jahrhundert diente die Burg als Kaserne und Kornspeicher und verfiel zusehends. Nach schweren Zerstörungen im Zweiten Weltkrieg gelang der Wiederaufbau in den 1970er-Jahren mithilfe von alten Aufzeichnungen. Heute beherbergen die Hallen, Korridore und Höfe weitläufige Museen mit wertvollen mittelalterlichen Schätzen.

Die Marienburg ist die weltweit größte Backsteinburg. Ihre weitläufigen Befestigungsanlagen nehmen rund 20 Hektar ein. Das Mittelschloss mit Innenhof und Kreuzgang entstand 1310 anstelle der alten Vorburg; Teil eines ausgeklügelten Verteidigungssystems, bei dem jeder Festungsteil mit Ringmauern umgeben war. Seit 1997 gehört die Marienburg zum Weltkulturerbe der UNESCO.

Der Große Remter mit den hohen Portalsäulen, auch Refektorium genannt, diente als Speisesaal des Ordens.

GDINGEN UND ZOPPOT

Einst waren sie schlicht Nachbarn, längst kennt jeder in Polen Gdingen (Gdynia) und Zoppot (Sopot) als Teile der mit Danzig zusammengewachsenen »Dreistadt«. Dabei könnten Danzigs nördliche Nachbarn nicht unterschiedlicher sein, als sie sich heute zeigen: Gdingen ist aus einem Fischerdorf hervorgegangen und wurde erst ab den 1920er-Jahren zu einem bedeutenden Hafen ausgebaut. Entsprechend kommen dort Liebhaber von Schiffen und ausgedehnten Kaianlagen auf ihre Kosten. Ganz anders Zoppot, das seit Beginn des 19. Jahrhunderts als Kurort auf den Badetourismus setzt. Heute gilt die Stadt mit ihren Villen im Jugendstil und einem kilometerlangen Sandstrand als Polens mondänstes Seebad und Perle an der Ostsee. Das Vorzeigeobjekt der Stadtväter ist die weiße Mole aus Holz, die mit über 500 Metern zu den längsten Seebrücken an der gesamten Ostseeküste zählt.

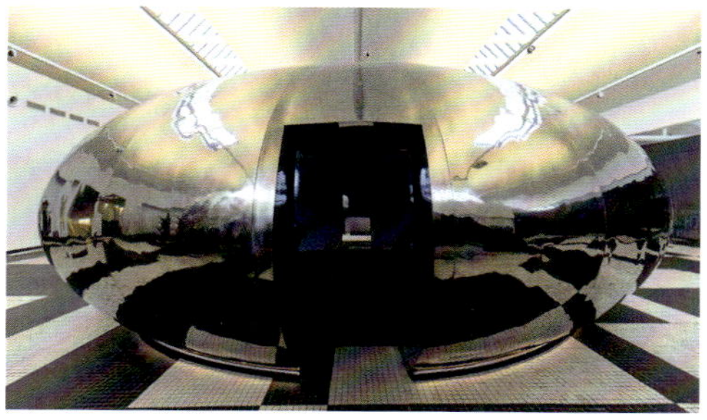

Großes Bild: Auch Gdingen hat im Stadtteil Orłowo eine Seebrücke zu bieten, allerdings weniger pompös als die in Zoppot. An dessen Strandpromenade imponieren hingegen Grandhotels und ein Leuchtturm (Bildleiste). Auch Modernes hat in Zoppot Einzug gehalten: 2004 entstand das Krumme Häuschen, eine Ladengalerie (ganz links). Ebenso modern ist das Emigrationsmuseum in Gdingen (links).

NATIONALPARK SŁOWINSKI

Zwischen den Städtchen Rowy im Westen und Łeba im Osten erstreckt sich auf über 180 Quadratkilometer der Slowinzische Nationalpark. Er umschließt den Gardno-See und den größeren Łeba-See und beherbergt die für den Küstenstreifen typische Flora und Fauna: Hier leben Seeadler, Kormorane und Schwarzstörche. Das Kernstück des Schutzgebiets sind die Wanderdünen, deren größte 42 Meter hoch ist. Wer ein Gefühl von Wüste verspüren möchte, ist in der »polnischen Sahara« richtig. Die Dünen bewegen sich pro Jahr gut zehn Meter nach Südosten. Dabei begraben sie Bäume unter sich, während auf der anderen Seite längst Begrabenes wieder zutage tritt. Stetiger Nordwestwind befördert die Dünen allmählich ins Landesinnere. Das frühere Dorf Kluki, heute ein Freilichtmuseum, zeigt die Kultur der Slowinzen, einer Splittergruppe der Kaschuben.

Großes Bild: Ein Möwenschwarm kreist über dem Łebsko-See und wird deutlich vernehmbar sein. Bildleiste von oben: Sandwüsten-Eindrücke aus der »polnischen Sahara«: Eine Wanderdüne bewegt sich mit dem Tempo von etwa zehn Metern pro Jahr ins Landesinnere; Bl ck von der Lontzke-Düne auf den Łeba-See im Hintergrund; die Bäume, die schon vom Sand erreicht wurden, sterben mit ab.

WOLIN

Wenn man die Polen fragt, wo denn ihre Ostseeküste am schönsten sei, bekommt man in den meisten Fällen eine eindeutige Antwort: auf der Insel Wolin an der Odermündung, die seit 1960 als Nationalpark geschützt ist und zugleich die größte Insel Polens ist. Denn hier bricht die Küste in einem spektakulären, 15 Kilometer langen und fast 100 Meter hohen Kliff ins Meer. Von seiner Kante aus kann man das Stettiner Haff überblicken und in der Ferne die Kreidefelsen von Rügen schimmern sehen, während der Himmel von Abertausenden Zugvögeln bevölkert wird, die auf der Insel Station machen. Wer das selbst einmal erlebt hat, wird den Polen recht geben: Schöner ist ihre Küste nirgendwo. Der Nationalpark erstreckt sich entlang der Seeküste und bis ans Haff hinunter. Man erreicht die Insel auch mit einer Fähre, die zwischen Usedom und Wolin verkehrt.

Die bis etwa 100 Meter hohe Kliffküste auf Wolin ist der wohl eindrucksvollste Abschnitt der polnischen Ostseeküste. Wind und Wellen schufen diese Landschaftsform, die Teile der Küste von Wolin einnimmt. Zahlreiche Vögel finden im Naturschutzgebiet ihre Nistplätze, dazu gehören auch Zwergschnäpper, Seggenrohrsänger und Strandläufer (Bildleiste von oben).

STETTIN

Von den Haffs an Polens Küste ist das Stettiner Haff das westlichste – mitten hindurch verläuft die Grenze zu Deutschland. Die Inseln Usedom und Wolin riegeln es zur Ostsee hin ab. Am südlichen Ende, dort, wo die Oder mündet, liegt Stettin. Eine der größten Hafenstädte des Landes befindet sich also rund 60 Kilometer landeinwärts. Stettin war lange Herrschaftssitz, wovon das Schloss der pommerschen Herzöge zeugt. Von seinem Turm aus fällt der Blick auf die durch den Zweiten Weltkrieg in Mitleidenschaft gezogene Altstadt. In ihrem Mittelpunkt liegt der Heumarkt, der von bunten Häuserfassaden umstellt ist. Stettins Juwel ist jedoch die Hakenterrasse, die sich über der Oder erhebt. Auf ihr genießen Einheimische wie Fremde den Blick auf den Fluss, während hinter ihnen das Meeresmuseum in einem Haus aus dem frühen 20. Jahrhundert prunkt.

Polens westlichste Großstadt ist Stettin, das vor dem Zweiten Weltkrieg der wichtigste Hafen für Berlin war. Im Zentrum überzeugt es vor allem mit der Hakenterrasse, einem Bauensemble aus Sandstein am Westufer der Oder, das jeder Besucher gesehen haben muss (links). Unten: Nicht minder eindrucksvoll sind aber auch die großen Schoner, die im Hafen von Stettin vor Anker liegen, im Hintergrund das imposante Passamt.

DEUTSCHLAND

Natur und Kultur satt – das bietet Deutschlands Ostseeküste. Geprägt wurde sie durch die Gletscher der letzten Eiszeiten, ohne die es weder die Kieler Förde noch die Boddenküste Mecklenburg-Vorpommerns geben würde. Die Schönheiten der Landschaften und die gute Luft wissen die Seebäder seit Jahrzehnten zu nutzen, deren besondere Perlen auf Usedom liegen. Auf eine noch längere Geschichte können die alten Hansestädte wie Rostock oder Stralsund blicken, die mit ihrer Backsteingotik an längst vergangene Tage erinnern.

Die Ahlbecker Seebrücke mit dem Gaststätten-pavillon: Vor allem abends, wenn die Strandkörbe längst verlassen sind, lädt das romantisch illuminierte Lokal zu einem gemütlichen Abend.

USEDOM

Die fast 450 Quadratkilometer große Insel Usedom, die sich von der Peene bis zur Swina, den beiden Mündungsarmen der Oder, erstreckt, ist ein Feriengebiet par excellence. Hauptgründe für ihre Beliebtheit sind die heilsame Seeluft und die kilometerlangen familienfreundlichen Strände, die ihr schon vor Generationen den Kosenamen »Badewanne Berlins« bescherten. Während die alten Siedlungen der Fischer mit ihren reetgedeckten Häusern mehrheitlich am Achterwasser liegen, entstand gegen Ende des 19. Jahrhunderts zum offenen Meer hin eine Reihe eleganter Seebäder. Zu den namhaftesten ihrer Art zählen Bansin, Ahlbeck und Heringsdorf, Koserow und Zinnowitz. Das einstige Raketenversuchsgelände Peenemünde, das an der Westspitze der Insel liegt, wurde bald nach der Wende in ein historisch-technisches Freilichtmuseum umgewandelt.

Feinster Sand lockt nicht nur in den drei Kaiserbädern Heringsdorf, Bansin und Ahlbeck zum Strandurlaub. Jung und Alt tummeln sich auf Usedom in der guten Luft, auch FKK-Strände gehören seit mehr als einem halben Jahrhundert zum Badeleben. Großes Bild: Restaurierte Villen aus der Gründerzeit geben einen Eindruck von der einstigen Bäderarchitektur. Meerblick war schon damals eine Selbstverständlichkeit.

USEDOM: NATURPARK INSEL USEDOM

720 Quadratkilometer groß ist der Naturpark Insel Usedom und liegt direkt an der Grenze zum Nachbarland Polen. Natürlich sind die Steil- und Flachküsten, die Laub- und Nadelwälder, die Hügel und die Ebenen und nicht zuletzt das Meer landschaftlich reizvoll. Für die Tier- und Pflanzenwelt haben die stillen Gewässer, die Moore und Halbinseln jedoch das größte Gewicht. Die Windwatten des Peenemünder Hakens, Streifen, die aufgrund der Windverhältnisse trockenfallen, sind beispielsweise ein wichtiger Rastplatz für Wasservögel. Auch die nicht gerade häufig vorkommende Glattnatter ist hier ebenso heimisch wie der Fischotter. Buchen sind die typischen Bäume der Insel Usedom, an den Küsten findet man allerdings auch viele Kiefern und in den Moorgebieten Erlen. Neben der bemerkenswert vielfältigen Natur sind auch die Seebäder und kleinen Dörfer Anziehungspunkte des Parks. Kulturelle Erkundungstouren führen zu Großsteingräbern und gewähren Einblicke in die Slawenzeit.

Verwunschen wirkt die Sumpflandschaft eines Erlenbruchs (ganz unten). Das Gewässer sorgt für einen idealen Lebensraum für Amphibien.

Als nördlichste Gemeinde auf der Insel Usedom ist Peenemünde ein Außenposten Deutschlands. Die Lage brachte die Region jahrelang ins Abseits, denn für militärische Zwecke war die Abgeschiedenheit bestens geeignet. 1936 errichteten die Nationalsozialisten die Heeresversuchsanstalt Peenemünde und später die Erprobungsstelle der deutschen Luftwaffe. Dort wurde die erste Großrakete der Welt entwickelt und unter dem Propagandanamen »V2« (Vergeltungswaffe 2) getestet. Das auch nach dem Krieg militärisch genutzte Gelände war bis 1990 Sperrgebiet, erst 1993 löste man den Truppenstandort auf. Seit 1991 erinnert das Historisch-Technische Informationszentrum besonders an die Zeit während des Zweiten Weltkriegs, als eine technische Innovation für militärische Zwecke missbraucht wurde: Um die 3000 »V2-Raketen« wurden Richtung Großbritannien, Belgien und Frankreich abgefeuert und forderten Tausende Opfer.

Ein mehrere Kilometer langer Rundweg erläutert anhand von verschiedenen Stationen die wichtigsten Einzelheiten.

USEDOM: KAISERBÄDER

Wie Perlen an der Schnur ziehen sich die drei Kaiserbäder am breiten Strand der Insel Usedom hin. Bansin, Heringsdorf und Ahlbeck haben sich ihren Ehrentitel selbst verliehen; er nimmt Bezug auf die wilhelminische Ära, als gekrönte Häupter hier ihre Sommerferien verbrachten und Usedom die »Badewanne Berlins« genannt wurde. 1913 stattete Kaiser Wilhelm II. Ahlbeck einen Besuch ab und wurde werbewirksam auf der Seebrücke fotografiert; sie ist als Einzige aus jener Zeit erhalten. Nach der Wiedervereinigung bekamen auch Heringsdorf und Bansin wieder Anschluss an die Bäderschifffahrt, der die Seebrücken ursprünglich dienten. Heute werden sie vor allem zum Promenieren und Dinieren in eleganten Restaurants genutzt. Auch die meisten Hotels und Pensionen an der Strandpromenade, in verspielter Bäderarchitektur gestaltet, stammen noch aus der Kaiserzeit.

Rechts: Sie ist die längste ihresgleichen auf Usedom und in ganz Deutschland: Die Seebrücke von Heringsdorf misst 508 Meter. Unten: An Prunk mangelt es nicht in Ahlbeck – die Seebrücke und imposante Gebäude beeindrucken.

BÄDERARCHITEKTUR AN DER OSTSEE

Paläste für die Gäste: Weiß ist die Farbe der Ostseebäder in Mecklenburg, auf Usedom und Rügen: Weiß leuchten zierliche Säulen, filigrane hölzerne Loggien mit gedrechselten Geländern, Giebeln und Türmchen – die Bäderarchitektur aus der Kaiserzeit treibt in Binz auf Rügen und in den Kaiserbädern Ahlbeck, Bansin und Heringsdorf ihre schönsten Blüten. Doch auch in vielen anderen Seebädern sind ganze Straßenzüge erhalten. In der DDR verfielen die zumeist hölzernen Häuser, inzwischen wurden aber viele sorgfältig saniert. Die Bäderarchitektur stellt keinen einheitlichen Stil dar, sondern ein verspieltes Vielerlei. Als Ferien an der Ostsee gegen Ende des 19. Jahrhunderts in Mode kamen, gab es den ersten »Bauboom« an der Küste. Damals überboten reiche Bauherren einander mit antiken, barocken und klassizistischen Details ihrer neuen Logierhäuser für die ersten Touristen. Die eiligst fertiggestellten weißen Villen boten begüterten Bürgern, vor allem aus der Hauptstadt Berlin, Quartier. In dem pittoresken Potpourri verschiedener Baustile sind Elemente der Gotik ebenso enthalten wie des Barock oder Jugendstil, von klassizistischen Akzenten wie Dreiecksgiebeln, Säulen mit Kapitellen, Gesimsen und aufwendigen Friesen dominiert. Darum herum wurden hübsche kleine Parks angelegt.

Die Gebäude wurden speziell für den Sommeraufenthalt an der See errichtet, die Bauherren konnten ihren architektonischen Wünschen je nach Geldbeutel freien Lauf lassen. Unten: Sassnitz und Zinnowitz; rechts: Binz.

USEDOM: KAISERBÄDER

BÄDERARCHITEKTUR AN DER OSTSEE

RÜGEN

Rügen ist keine Insel, es ist Lebensgefühl, ein Synonym für Sommerfrische, Seebad und Landidylle. Zehnmal größer als Sylt, die Inselkönigin der früheren Bundesrepublik, weist Rügen stolze 574 Kilometer Küstenlinie auf. Die deutschen Romantiker, die Rügen Ende des 18. Jahrhunderts zu ihrem irdischen Elysium erkoren, hofften inständig, dass die Insel auf immer ihr verwunschenes Idyll bleiben möge. Daraus sollte nichts werden. Auf 74 000 Einwohner kommen 60 000 Gästebetten – ein klarer Hinweis darauf, wer hier, auf Deutschlands größter Insel, der Wirtschaftsfaktor Nummer eins ist. Zwischen Kreidefelsen, Boddengewässern und Fischerdörfern finden die zahlreichen Besucher eine große Bandbreite unterschiedlichster Ausspannmöglichkeiten vor: einzigartige Naturreservate, illustre Kuranlagen, zauberhafte Städtchen und wildromantische Strände.

Unten: Charakteristische Landschaftsszenerie des Nordens: Kreidefelsen in der Dämmerung im Nationalpark Jasmund auf der Insel Rügen. Caspar David Friedrich (1774–1840) verewigte 1818 das Naturwahrzeichen der Insel auf seinem berühmten Gemälde »Kreidefelsen auf Rügen«. Die Seebrücke von Sellin ist dagegen ganz und gar von Menschen gemacht, verzaubert aber ebenso bei Sonnenuntergang (links).

RÜGEN: SELLIN

Weiß ist die dominierende Farbe im Seebad Sellin. Villen mit verschnörkelten Balkonen sind nicht nur in den Hauptstraßen zu entdecken. Das schönste Beispiel der Bäderarchitektur ist die Seebrücke. Manchmal steht Sellin ein wenig im Schatten des mondänen Binz. Aber Kenner schätzen seine Lage zwischen Ostsee und Selliner See direkt am Wald der Granitz. Am Steilufer kann man herrliche Spaziergänge unternehmen und von oben auf die Seebrücke, ein architektonisches Schmuckstück und Wahrzeichen des Ortes, hinabsehen. Wer nicht so hoch hinaus will, steigt mit der Tauchglocke in das Meer. Trockenen Fußes kann man die Unterwasserwelt bestaunen. Rund um den Selliner See lassen sich mit etwas Glück Enten- oder Gänsefamilien beobachten. Hübsche Cafés und Hotels, ein langer Strand – hier steht einem gelungenen Urlaub nichts im Wege.

Beide Abbildungen: Nachdem die Selliner Seebrücke im Jahr 1941 durch Eisgang zerstört wurde, ist sie erst 1998 in Anlehnung an das Jugendstil-Original in altem Glanz wiederaufgebaut worden.

RÜGEN: SASSNITZ

Effi Briest schwärmt im gleichnamigen Roman von Theodor Fontane während einer Mondscheinwanderung angesichts der Sassnitzer Bucht: »Das ist ja Capri, das ist ja Sorrent.« Der alte Fischerhafen, die Steilküste und das Dorf auf dem Hochufer gruppieren sich zum romantischen Bühnenbild, vor dem täglich das Schauspiel der ein- und ausfahrenden Kutter abläuft. Viele Besucher kaufen den Fisch direkt vom Schiff, wo kernige Seebären schwere Plastikkisten mit Dorsch, Hering und Flunder zum Kühlhaus an Land wuchten – oder gleich zur Verarbeitung in die Fabrik nebenan. Als östlichster deutscher Tiefwasserhafen dient Sassnitz auch als Anlegestelle für Fähren nach Skandinavien, Russland und ins Baltikum. Ausflugsboote bieten kürzere Törns an, die Besucher zur Kreideküste, zum Kap Arkona oder nach Binz transportieren.

Sassnitz' Nachtleben spielt sich nach lauen Sommertagen oft draußen ab – mit guter Musikuntermalung (rechts). Unten: Vom alten Fischhafen fahren Rügens Fischkutter täglich auf Fang.

RÜGEN: SELLIN

RÜGEN: SASSNITZ

Gegen 1830 wagten die Badegäste des Fürsten von Putbus unter den argwöhnischen Augen der Fischer vorsichtig ein paar Schritte in die Ostsee. Um die Jahrhundertwende erlebte das einst winzige Fischerdorf, im Jahr 1318 als »Byntze« erstmals erwähnt, dann einen gewaltigen Aufschwung: Investoren erwarben Grundstücke, bauten in Rekordzeit Hotels, das 2001 wiedereröffnete Kurhaus, die 370 Meter lange Seebrücke und das »Warmbad«. Heute zählt Binz rund zwei Millionen Übernachtungen pro Jahr. Während südlich von Binz die romantische Halbinsel Mönchgut liegt, ist die Prorer Wiek nordwestlich Schauplatz beeindruckender Gigantomanie aus der Zeit des Nationalsozialismus: Dort entstand 1936 das Seebad Prora als riesiges Ferienheim der KdF (Kraft durch Freude), einer Organisation der Nationalsozialisten, im einschlägigen Baustil der 1930er-Jahre.

Zu den ersten Gästen des majestätisch wirkenden Kurhauses gehörte die Kaiserin Auguste Viktoria (1858–1921). Das im Jahr 1890 aus Fachwerk gebaute Haus brannte schon am 1. Mai 1906 ab und wurde dann rasch nach den Plänen des Berliner Baumeisters Otto Spalding neu errichtet. Heute ist es ein Luxushotel der Hotelgruppe Travel Charme (beide Abbildungen).

RÜGEN: BIOSPHÄRENRESERVAT SÜDOST-RÜGEN

Die Halbinsel Mönchgut ist als Abbild der gesamten Wasserlandschaft von Mecklenburg-Vorpommern besonders geschützt; im Jahr 1990 wurde hier ein Biosphärenreservat eingerichtet. Schmale Nehrungen verbinden Halbinseln zwischen flachen Boddengewässern, schroffe Steilküsten wechseln ab mit langen, flachen Sandstränden. Direkt hinter Binz beginnt das Schutzgebiet, zu dem die Orte Sellin, Baabe, Göhren und Putbus gehören. Auch die Zickerschen Berge, die ganze 66 Meter hoch in den Himmel ragen, gehören dazu – mit dem romantischen Kliff am Zickerschen Höft reicht die Formation bis in den Greifswalder Bodden hinein. Trotz der strengen Reservatsrichtlinien gilt, dass Mensch und Natur in Koexistenz leben sollen; auch Tourismus ist als ressourcenschonender Wirtschaftszweig ausdrücklich erwünscht.

Südost-Rügen erhielt seine heutige Landschaftsform als Folge der letzten Gletschervorstöße vor rund 10 000 Jahren. Rechts: der Selliner See; unten: Halbinsel Klein Zicker mit der Steilküste im Westen.

FISCHFANG AN DER OSTSEE

FISCHFANG AN DER OSTSEE

Der Fischfang in der Ostsee wurde in den letzten Jahrzehnten stark kommerzialisiert. Um 1920 wurden die ersten Schleppnetze zum Fang von Plattfischen eingesetzt. Zehn Jahre später begann die Gespannfischerei, bei der zwei Kutter gemeinsam ein großes Schleppnetz ziehen, um Dorsche, Heringe und Sprotten zu fangen. Seit 1960 können die Fischer mit ihren Rollgeschirren direkt den Meeresboden abfischen. Mit der in den 1980er-Jahren einsetzenden Motorisierung und elektronischen Ausrüstung der Fangflotten gingen die Fischbestände dann drastisch zurück. Damit sich die Bestände langfristig erholen, legt die Europäische Union heute Quoten für die Fischerei in der Ostsee fest. So durfte Deutschland 2017 nur noch rund 4000 Tonnen Dorsch fangen. 1983 gingen den Fischern beider deutschen Länder zusammen noch 39 000 Tonnen des Speisefischs ins Netz, was in etwa der Menge entspricht, die heute in der gesamten Ostsee gefischt werden darf. Umweltschutzorganisationen wie Greenpeace gehen jedoch davon aus, dass ein Drittel der in der Ostsee gefangenen Dorsche illegal erbeutet und somit nicht erfasst wird. Auch der Fang von Heringen, Schollen, Lachsen und Sprotten unterliegt Beschränkungen.

Große Kutter in der Ostsee sind bis zu 20 Meter lang und 4,50 Meter breit und haben sowohl die typische Kuttertakelung mit Groß- und Focksegeln als auch einen Dieselmotor. Schleppnetze werden meist beim Fischen nach Grundfischen wie Scholle oder Dorsch eingesetzt.

RÜGEN: NATIONALPARK JASMUND

Rügen besteht eigentlich aus fünf Inseln, die im Laufe der Zeit zusammenwuchsen – Jasmund ist die ursprünglichste, abgeschieden zwischen Meer und Bodden und nur über zwei Nehrungen erreichbar. In der bewaldeten Nordhälfte entstand 1990 der Nationalpark Jasmund. Sein Kernbereich ist die Kreideküste mit den optischen und geologischen Höhepunkten Königsstuhl und Wissower Klinken in der »Stubbenkammer«. Die 80 Millionen Jahre alten Relikte aus der Kreidezeit sind weltberühmt, seitdem der Maler Caspar David Friedrich 1818 die »Kreidefelsen auf Rügen« schuf. Übrigens zeigt das Gemälde einen fiktiven Ort: Friedrich fertigte auf einer Reise Skizzen an, die ihn zu der Fantasiedarstellung inspirierten – getreu seinem Motto: »Schließe dein leibliches Auge, damit du mit dem geistigen Auge zuerst siehst dein Bild.«

Die ältesten Laubwaldgebiete befinden sich in der Stubnitz und Granitz, sie sind bekannt für ihren Orchideenreichtum. Die Steilküste Jasmunds ist oft gewaltigen Wellen ausgesetzt. Die Brecher reißen immer wieder Gesteinsmaterial heraus und spülen es ins Meer. Blockstrände säumen die Steilufer. Von Badelustigen gemieden, bieten sie Naturfreunden Feuersteine, Versteinerungen und Baumskelette.

RÜGEN: KAP ARKONA

Weit in die Ostsee hinein reckt sich eine der sonnenreichsten Stellen Deutschlands. Die exponierte Lage an der äußersten Nordspitze Rügens ist vor allem für die Seefahrt bedeutsam: Wetter- und strömungsbedingt oder schlicht durch Fehlnavigation laufen hier Schiffe auf West- oder Ostkurs Gefahr, zu stranden. Kein Zufall, dass auf Kap Arkona der älteste Leuchtturm der Ostseeküste steht: 1826 erbaut und 21 Meter hoch, war der Schinkelturm bis 1905 in Betrieb. Den markanten Ziegelbau auf viereckigem Grundriss hat der berühmte preußische Baumeister Karl Friedrich Schinkel entworfen. Direkt neben dem klassizistischen Oldtimer ragt der noch heute aktive Nachfolger auf, mit über 100 Jahren auch nicht mehr der Jüngste. Noch älter ist unweit der beiden Leuchttürme die namensgebende slawische Tempelburg Arkona, von der ein etwa 1400 Jahre alter Ringwall erhalten ist.

Die Pfähle am Strand sollen der Macht der Wellen Einhalt gebieten und die empfindliche Küste schützen (unten). Weithin sichtbar sind die beiden Leuchttürme von Kap Arkona (links). Der viereckige »Schinkelturm« (links im Bild) dient heute als Museum, Aussichtspunkt und vor allem als begehrter Ort für Hochzeiten. Das jüngere Leuchtfeuer ist immer noch in Betrieb, kann aber auch besichtigt werden.

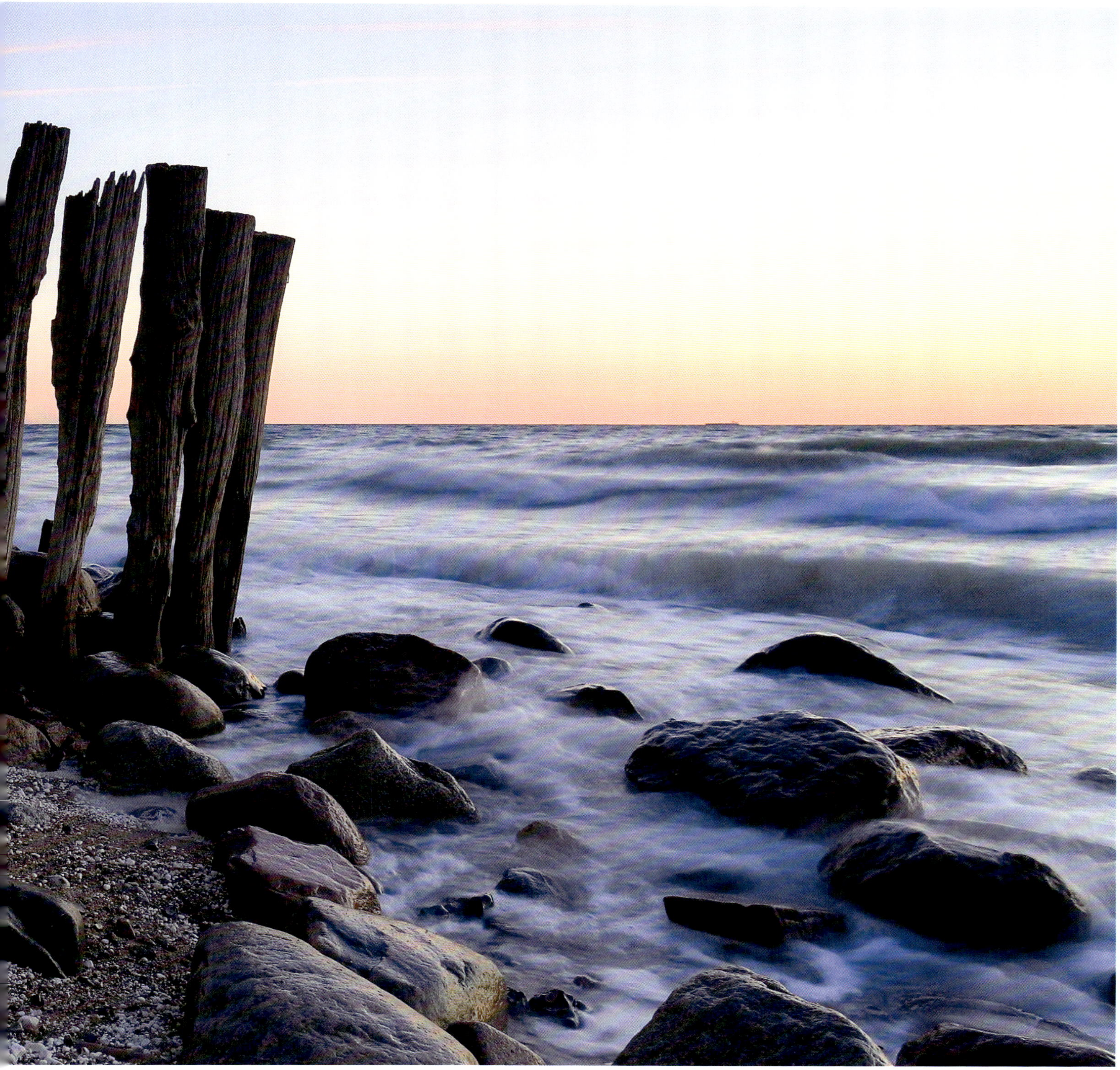

HIDDENSEE

Auf Plattdeutsch wird die Insel liebevoll »Dat söte Länneken« genannt, und ein süßes Ländchen ist sie wortwörtlich: Hiddensee mit den vier Orten Grieben, Kloster, Neuendorf und Vitte ist eine eigene Welt; ohne Autos, Kurhaus und Seebrücke. Knapp 1100 Bewohner leben in dieser selbst auferlegten Abgeschiedenheit. Doch auch viele Auswärtige finden Gefallen daran und besuchen die Insel, um Ruhe zu finden, wie einst Gerhart Hauptmann: Er kaufte 1930 in Kloster das »Haus Seedorn« und genoss bis 1943 jedes Jahr die Sommerfrische. Dort erinnert eine Gedenkstätte an den Nobelpreisträger. Auf dem flachen Eiland im Nationalpark Vorpommersche Boddenlandschaft westlich von Rügen gibt es kaum Wald, dafür Salzwiesen, Schilfgürtel und Heideflächen – dort wächst auch der Sanddorn, Grundlage für typische Hiddenseer Spezialitäten wie Marmelade, Saft und Likör.

Im hügeligen Nordteil der Insel, dem Dornbusch, steht das Wahrzeichen: der 28 Meter hohe Leuchtturm. Wenn es nicht zu windig ist, darf man über 102 Stufen nach oben steigen, um die Aussicht von dem Ziegelbau zu genießen. Der Name »Dornbusch« soll auf große Sträucher zurückgehen, die Seefahrer als Orientierungspunkte nutzten. Der Leuchtturm war 1975 und 2009 Briefmarkenmotiv.

STRALSUND

Millionen von rechteckigen Ziegeln prägen das markante Antlitz Stralsunds – eines der schönsten Ensembles norddeutscher Backsteingotik. Die Stadt am Strelasund zählt zum UNESCO-Weltkulturerbe – sie liegt zwischen Ostsee und Greifswalder Bodden gegenüber von Rügen. Seit 1936 gibt es mit dem Rügendamm eine wetterfeste Verbindung zur beliebtesten deutschen Ferieninsel. Der Damm führt über die Insel Dänholm, einst Strela genannt und Namensgeber der 1234 gegründeten Stadt. Zu Hansezeiten wurde Stralsund eine der mächtigsten Städte im Ostseeraum; aus dieser Zeit stammen prächtige Bauten wie die Nikolaikirche und das Rathaus mit dem aufwendigen Schaugiebel. Im Dreißigjährigen Krieg konnte sich Stralsund gegen den Feldherrn Wallenstein verteidigen und mit Schweden verbünden – ein Zeugnis dieser Ära ist auch das barocke »Commandantenhus«.

Im Stadthafen von Stralsund (großes Bild) legen die Fährschiffe nach Hiddensee an und Hafenrundfahrten locken. Das Stralsunder Lotsenhaus (3. Bild Bildleiste) ist ein denkmalgeschütztes Bauwerk mit bis zu zwei Meter dickem Mauerwerk. Eine Sehenswürdigkeit ist die dreimastige »Gorch Fock I«. Das Segelschulschiff wurde 1933 für die Reichsmarine gebaut und liegt seit 2003 in Stralsund (2. Bild Bildleiste).

STRALSUND: ST.-NIKOLAI-KIRCHE

Die St.-Nikolai-Kirche ist die Hauptpfarrkirche in Stralsund und befindet sich direkt neben dem Rathaus, was ihre Bedeutung als Bürger- und Ratskirche hervorhebt. Eine erste Pfarrkirche wurde nach ihrer Zerstörung 1249 durch eine mächtige Hallenanlage mit Turm ersetzt. Um 1270 erfolgte der Baubeginn der heutigen Backsteinkirche, die in enger stilistischer Verwandtschaft zur Lübecker Marienkirche steht. Die querhauslose hochgotische Basilika mit Umgangschor und Doppelturmanlage wurde 1350 vollendet. Der nur geringfügige Unterschied zur Lübecker Marienkirche, auch bezüglich der Dimensionen, macht den Anspruch Stralsunds auf Gleichrangigkeit im Städtebündnis deutlich. Die Kirche mit einem zweigeschossigen Wandaufbau gehört zu den qualitätvollsten Architekturschöpfungen des Mittelalters im Ostseeraum und wurde zum Vorbild für Sakralbauten in der Region. Glanzstück ist der »Altar der Bergenfahrer«, der bereits ab 1270 gefertigt wurde.

Die Kirche St. Nikolai gehört als Teil der Altstadt von Stralsund zum UNESCO-Welterbe. Der sogenannte Schlüter-Altar ist ein Prachtstück aus dem Barock.

STRALSUND: OZEANEUM

Sechs Millionen Liter Wasser fließen in knapp 40 Aquarien: Das Ozeaneum auf der Stralsunder Hafeninsel hat eine 8700 Quadratmeter große Ausstellungsfläche, die über 7000 Arten beheimatet. Es gibt Korallen, Seeanemonen, Seesterne und -spinnen, in Seegraswiesen verstecken sich Stichlinge und Garnelen. Gänge führen durch die Unterwasserwelt, Scheiben vermitteln das Gefühl, hautnah dabei zu sein. Das größte Becken ist mehr als neun Meter tief und fasst 2,6 Millionen Liter Wasser. Die gebogene Panoramascheibe wiegt rund 22 Tonnen und ist 30 Zentimeter dick, um dem enormen Druck standzuhalten. Kleine Fische schwimmen in Schwärmen, größere schweben vorüber. Ihr Lebensraum ist dem in Ostsee, Nordsee und Nordatlantik nachempfunden. Neben den Aquarien gibt es Dauerausstellungen, etwa zu den Themen Weltmeer, Wasserkreislauf und dem ewigen Turnus der Gezeiten.

In einer Halle sind die »Giganten der Meere« nachgebildet. Walattrappen hängen hier und zeigen Besuchern ihre stattlichen Maße (ganz rechts). Das Ozeaneum wurde 2008 als Erweiterung des Deutschen Meeresmuseums eröffnet.

STRALSUND: ST.-MARIEN-KIRCHE

In ihrer trutzigen Schlichtheit gehört die 1298 erstmals in den Quellen der Stadt erwähnte St.-Marien-Kirche zu den imposantesten spätgotischen Bauwerken ganz Mitteleuropas. Nachdem Teile der Backsteinbasilika durch den Einsturz des Turms 1382 zerstört worden waren, baute man das Gotteshaus zwischen 1384 und 1478 wieder auf. Mit dem heute von einer Barockhaube bekrönten Turm gehörte die Kirche sogar von 1625 bis 1647 mit 151 Metern zu den höchsten Gebäuden der Welt. Der Innenraum beeindruckt durch seine gewaltigen Ausmaße. Besonders wertvoll sind der vor 1498 gefertigte Marienkrönungsaltar. Große Teile der mittelalterlichen Ausstattung wurden durch Ereignisse wie den Bildersturm, Kriegsplünderungen und Brand vernichtet. Während der französischen Besatzung diente die Kirche sogar als Heu- und Proviantmagazin.

Zu den kostbarsten Stücken der Marienkirche gehört die das Mittelschiff zierende Orgel von 1659 des Lübecker Meisters Friedrich Stellwagen (links). Stuckaturen, Säulen und filigrane Bogen sorgen für einen gewaltigen Raumeindruck.

STRALSUND: OZEANEUM

NATIONALPARK VORPOMMERSCHE BODDENLANDSCHAFT

Königreich des Kranichs: Der majestätische Vogel gilt seit Urzeiten als Sendbote des Himmels. In Mecklenburg-Vorpommern kündet er im März vom baldigen Frühling. Jedes Jahr pausieren dann bis zu 60 000 der stolzen Tiere auf der Durchreise im Nationalpark Vorpommersche Boddenlandschaft. Kurz nach der Wiedervereinigung wurde das Schutzgebiet zwischen Darßwald und der zu Rügen gehörenden Halbinsel Bug gegründet. Ein Großteil davon bedeckt Wasser, das jedoch zumeist nur knietief ist. Das niederdeutsche Wort »Bodden« bezeichnet derart flache Küstengewässer, die für viele Tierarten einzigartige Lebensbedingungen bieten. Vor allem Kraniche benötigen die Flachwasserzonen, um darin auf ihrem Zug ins Winter- beziehungsweise Sommerquartier Pause zu machen, denn hier sind sie vor Füchsen und anderen Räubern sicher und finden reiche Nahrung.

Typisch für die Boddenlandschaft ist der Erlenbruchwald, der sich in den permanent nassen, sumpfigen Böden entwickelt (unten links). Die Adlerfarne wurden von Generationen von Waldarbeitern geköpft, weil sie als Störenfriede für das Wachstum junger Bäume galten. Das Schilf ist die Heimat der Graukraniche (unten). Manche ziehen auch nicht weiter und brüten direkt in den Erlenbrüchen.

FISCHLAND-DARSS-ZINGST

Der Schriftsteller Uwe Johnson lässt seine Protagonistin Gesine in den »Jahrestagen« schwärmen: »Das Fischland ist das schönste Land der Welt«. Doch das »Land« ist klein, beidseitig nagt Wasser daran. Fischland ist eine Nehrung, letztes Anhängsel Mecklenburgs, sozusagen der Wedel vom Stier im Landeswappen. Er streckt ihn bei Ribnitz zwischen Ostsee und Bodden, dem Binnengewässer, nordwärts bis hinauf zum Darßer Ort. Noch vor 600 Jahren war der Darß eine Inselwildnis, die Piraten wie Klaus Störtebeker als Schlupfwinkel diente. Nach und nach versandete das Labyrinth der kleinen und großen Kanäle, doch die Ursprünglichkeit hat sich bis heute erhalten: Insbesondere der dreieckige Darß mit seinem riesigen Urwald ist ein einzigartiges Naturparadies. So wie am Weststrand mag die gesamte Ostseeküste vor 1000 Jahren ausgesehen haben: Einer der letzten Naturstrände Deutschlands zieht sich 13 Kilometer von Ahrenshoop bis zum Leuchtturm Darßer Ort im Norden und von dort westwärts bis nach Prerow. Dahinter liegt der Darßwald, einst Heimat der letzten Wisente und schon zur Schwedenzeit ein Jagdrevier. Im Osten des Landzipfels von Fischland-Darß-Zingst liegt Zingst. Das Ostseeheilbad bietet Kultur und Unterhaltung. Vor allem aber überzeugt es mit Natur pur. Der Strand scheint nicht enden zu wollen.

Wenn man sich hier nicht erholen kann, wo dann? Eine Besonderheit der Region sind die sogenannten Zeesenboote, die seit dem 15. Jahrhundert in den pommerschen Boddengewässern zur Fischerei eingesetzt wurden (großes Bild). Bildleiste oben: Im Norden durch den feinsandigen Strand von Prerow begrenzt, nimmt der Darßwald mit seinen 5800 Hektar große Teile der Halbinsel ein.

ROSTOCK

»Soebn Toern, so up dat Rathaus stan« – »Sieben Türme, die auf dem Rathaus stehen« – nennt das Gedicht »Rostocker Kennewohrn« eines von sieben (mal sieben) Wahrzeichen. Die Türmchen an der gotischen Schmuckfassade trägt das mittelalterliche Gebäude noch heute auf dem Dach. Die ursprünglich slawische Siedlung, zwölf Kilometer landeinwärts an der Unterwarnow, ist beispielhaft für den Aufstieg einer deutschen Stadt im Mittelalter: Im 14. Jahrhundert galt Rostock nach Lübeck als mächtigstes Mitglied der Hanse. Zeugnis dieser Größe sind Reste der Mauer mit Kröpeliner, Kuh- und Steintor, die hoch aufragende gotische Marienkirche sowie die Speicher. Im Zweiten Weltkrieg erlitt Mecklenburgs bedeutendste Industriestadt erhebliche Zerstörungen durch Bombardements, doch inzwischen wurden viele Lücken durch neue Bauten ersetzt.

Eine Stadt, die mit dem Meer verheiratet ist und ihm nie den Rücken zukehrt: Rostock wurde dank der Hanse glücklich, erbaute sich eine herrliche Altstadt und ist der See bis heute inbrünstig verbunden (links: Blick über die Warnow zur Altstadt mit Marienkirche). Am Möwenbrunnen auf dem Neuen Markt sind die vier Wassergötter Triton, Nereus, Neptun und Proteus dargestellt (unten).

ROSTOCK: ST.-MARIEN-KIRCHE

Mit ihrem ungewöhnlich langen Querschiff und dem mächtigen Westbau samt Turmmassiv strahlt die dreischiffige Basilika, die nach dem Vorbild der Lübecker Marienkirche erbaut wurde, eine monumentale Größe aus. Die heutige Hauptkirche von Rostock entstand zwischen 1290 und 1450 auf den Fundamenten eines Vorgängerbaus, der jedoch stark vergrößert wurde. Die aufeinanderfolgenden Bauphasen sind am horizontal gestreiften Außenmauerwerk zu erkennen, das aus roten Backsteinen älteren Ursprungs und farbig glasierten Ziegeln neueren Datums besteht. Trotz der Wirren der Reformationszeit blieben der mittelalterliche Rochusaltar, der barocke Hochaltar, die Renaissancekanzel, die Fürstenloge mit Orgel, der um 1290 geweihte Tauffünte (Taufkessel) und die elf Meter hohe astronomische Uhr vom Bildersturm verschont und erstrahlen heute in altem Glanz.

Als Meisterwerk der norddeutschen Backsteingotik beeindruckt die St.-Marien-Kirche durch ihre Größe und Schlichtheit. Die 1379 erbaute astronomische Uhr ist reich verziert und zeigt die Planeten im Tierkreis an (rechts).

HANSE SAIL

Wo ist backbord, wo steuerbord? Zum Glück bedient ein Seebär das Steuerrad – die Gäste lehnen lieber gemütlich an der Reling und genießen das Rostocker Hafenpanorama, während über ihnen eine leichte Brise die großen weißen Segel vor sich herschiebt. Das Schönste an der »Hanse Sail« ist das Mitfahren: Wenn im August ein Wald von Masten auf der Warnow die große Zeit der Windjammer heraufbeschwört, sind zahlreiche Gäste mit an Bord der alten und neuen Segelschiffe – auf denen man »anheuern« und einen Tag auf Bark, Schoner oder Brigg zur Ostsee und zurück schippern kann. Auf rund 200 Schiffen stehen bis zu 30 000 Plätze zur Verfügung. Die »Hanse Sail« ist seit ihrer Erfindung 1991 eine Erfolgsgeschichte: Zum größten Volksfest Mecklenburg-Vorpommerns kommen die Gäste sogar aus Übersee. Jedes Jahr machen Kreuzfahrtschiffe im Seehafen Warnemünde fest, deren Passagiere das maritime Spektakel besuchen – natürlich auch den überdimensionalen Jahrmarkt mit mehr als 450 Ausstellern, Buden und Fahrgeschäften an Land. Alles ist in Sichtweite des Ufers, damit man keinen der stolzen Segler übersieht, die dort festlich beflaggt paradieren – übrigens um die Wette, denn die Windjammer fahren auf der zwei mal sieben Seemeilen langen Strecke auch Regatta.

Jedes Jahr wieder ein eindrucksvolles und buntes Erlebnis: die Hanse Sail. Der größte Clou der Hanse Sail sind jedoch die Ausflugsfahrten, die auf vielen der teilnehmenden Schiffe möglich sind.

ROSTOCK: ST.-MARIEN-KIRCHE

HANSE SAIL

BAD DOBERAN

Wer das alte Doberaner Münster betritt, wähnt sich am Mittelpunkt der Welt: Dank seiner ebenmäßigen Symmetrie und klösterlichen Schlichtheit gehört es zu den schönsten gotischen Backsteinkirchen Norddeutschlands. Es wurde 1368 geweiht, als das Zisterzienserkloster bereits 200 Jahre bestand – Reformation und unzählige Kriege gingen fast spurlos an ihm vorüber. Die umgebende Klosteranlage wird derzeit rekonstruiert. Der zweite Höhepunkt in der Geschichte Doberans, dessen Name auf das slawische »dobr« (gut) zurückgeht, ist die Bestimmung zur Ferienresidenz durch Herzog Friedrich Franz I. von Mecklenburg-Schwerin. Im nahen Heiligendamm badete der Hofstaat seit 1793, in Doberan genoss man sommerliche Zerstreuungen wie Festmähler und Glücksspiel, ab 1822 auch den Nervenkitzel beim Pferderennen im Doberaner Rennverein.

Das Doberaner Münster, heute die Pfarrkirche der evangelisch-lutherischen Kirchengemeinde, demonstriert außen wie innen eindrucksvoll den Gestaltungswillen der Hochgotik (links). Der Hochaltar im hohen rötlichen Kirchenschiff ist mit filigran durchbrochenen Fialentürmen ausgeschmückt (unten). Der Blick hinauf zur Decke lässt Musterung und Struktur der Pfeiler und Bogen hervortreten.

WARNEMÜNDE

Bedeutende Kaufmannsstädte wie Lübeck, Wismar und auch Rostock wurden nicht direkt an der Küste gegründet; der Bedarf nach einem Hafen entstand erst im Hochmittelalter mit dem zunehmenden Fernhandel. So erwarb Rostock an der Unterwarnow im Jahr 1323 das Fischerdorf Warnemünde. Bis ins 19. Jahrhundert blieb die Zeit in dem kleinen Ort stehen – erst als der Badetourismus um 1820 aufkam, nahm die Zahl der Sommerfrischler rasant zu. Warnemündes Attraktionen waren und sind auch heute noch der mit 150 Metern breiteste Strand der Ostseeküste und von dort ein einmaliger Blick auf ein- und auslaufende Frachter, Fähren und Jachten. Ganz aus der Nähe zu besichtigen sind Segelboote und Fischkutter am Alten Strom – direkt ans Wasser grenzt die idyllische Dorfstraße »Am Strom« mit Cafés, Restaurants und Geschäften.

Heute wie damals Flaniermeile und Vergnügungsviertel ist die Straße »Am Strom« in der vordersten Reihe am Alten Strom. Cafés und Geschäfte laden zum Verweilen ein (beide Abbildungen).

KÜHLUNGSBORN

Das waldreiche, bis zu 130 Meter hohe Hügelland der Kühlung gab dem Seebad Kühlungsborn, das im Jahr 1937 aus drei Dörfern entstand, seinen Namen. Gleiches gilt für den Beinamen »Grüne Stadt am Meer«. Der Badebetrieb in dem zu DDR-Zeiten größten Ostseebad begann schon 1857. Die prächtigen Villen in den Straßen erinnern an diese Zeit. Hier bleiben keine Wünsche offen, dafür sorgen ausgedehnte Sandstrände, Campingplätze sowie Sport- und Erholungsanlagen. Ein Hauptvergnügen der Gäste ist aber auch das Flanieren auf der Strandpromenade, die von schönen Bauten historischer Bäderarchitektur gesäumt wird. Für Familien mit Kindern ist auch der Kletterwald, lediglich 100 Meter hinter der Strandpromenade gelegen, interessant.

Der von sanftem Morgenlicht beschienene Ostseestrand in Kühlungsborn lädt mit seinen gemütlichen weißen Standkörben zu einem entspannten Urlaubstag ein.

WARNEMÜNDE

KÜHLUNGSBORN

WISMAR

Wismar ist ein Freilichtmuseum aus der Hansezeit: Nicht nur viele Kirchen, Bürgerhäuser und der Marktplatz stammen von damals, auch das Hafenbecken und die »Grube«, ein künstlicher Wasserweg zum Schweriner See, sind seit jener Zeit nahezu unverändert. Damals liefen hier bauchige Koggen ein und aus. Das Wrack solch einer Kogge wurde 1999 vor der Insel Poel gefunden. Ihr nachgebaut ist die 31 Meter lange »Wissemara«, die im Hafen liegt. In der Schwedenzeit gehörte Wismar 250 Jahre lang politisch zu den Skandinaviern, woran einige Gebäude erinnern, wie etwa das barocke Zeughaus von 1701 oder das »Baumhaus«, das die Hafeneinfahrt sicherte. Die hohen Türme der Stadtkirchen St. Marien und St. Nikolai bezeugen, dass die Stadt zum Meer hin ausgerichtet war: Sie dienten den Seefahrern als Orientierung.

Seit der Wiedervereinigung trägt Wismar wieder stolz den Titel einer Hansestadt in seinem Namen – völlig zu Recht. Die Hanse sorgte dafür, dass Wismar schon früh zu einem blühenden Handelszentrum wurde und ihren Reichtum in Repräsentationsbauten zur Schau stellte. Davon zeugen heute noch der Marktplatz mit der Wasserkunst und der Alte Hafen mit dem Wassertor (links).

WISMAR: ALTER HAFEN

Die Grube gehört zu den ältesten künstlich angelegten Wasserstraßen in Deutschland, die mitten durch eine Stadt fließen. Sie verbindet den Schweriner See mit der Ostsee. An ihrem Lauf liegt der Alte Hafen von Wismar. Schon vor 1000 Jahren haben hier Segelschiffe und Ruderboote festgemacht. Später lag ein Fernhandelsschiff neben dem anderen. Es gibt eine Menge zu entdecken, unter anderem das letzte von fünf Stadttoren, die einst Bestandteil der vier Meter hohen Stadtmauer waren. Das Wassertor wurde 1450 im Stil der Spätgotik erbaut. Auf das Baumhaus, benannt nach dem Schlagbaum, der hier früher seinen Platz hatte, sollte man ruhig einen genauen Blick werfen. Zwei Köpfe vor der Eingangstür erinnern an die Zeit, als Wismar unter schwedischer Herrschaft war. Darüber hinaus lockt der Alte Hafen mit windschiefen Fachwerkhäusern, Kneipen und Cafés.

Am Alten Hafen sind neben dem Wassertor und der Nikolaikirche vor allem die historischen Segler und Motorschiffe sehenswert. Im Sommer finden vor der herrlichen Kulisse Aufführungen im Rahmen der Festspiele Mecklenburg-Vorpommern statt.

WISMAR: ST.-NIKOLAI-KIRCHE

Die zwischen 1381 und 1487 als Seefahrer- und Fischerkirche erbaute dreischiffige Basilika gilt als spätgotisches Meisterwerk Nordeuropas. Nachdem ein schwerer Sturm 1703 große Schäden angerichtet hatte, wurden die zerstörten Teile im Barockstil wiederhergestellt. Die Basilika beeindruckt allein schon durch ihren gewaltigen Baukörper und hebt sich von anderen Kirchen der Backsteingotik durch ihr Strebewerk ab. Der Giebel der südlichen Vorhalle weist einen für den sonst schlichten Stil der norddeutschen Backsteingotik untypischen ornamentalen Schmuck aus Terrakottaformsteinen auf. Vorherrschend unter den Stilelementen verschiedener Epochen ist der barocke Einfluss. Das Gotteshaus, das eines der höchsten Kirchenschiffe ganz Deutschlands besitzt, war einst den Schiffern und Fahrensleuten gewidmet und ist heute die Hauptkirche der Stadt.

Das Hochaltarretabel, das ursprünglich die Wismarer Kirche St. Georgen zierte, entstand um 1430 und ist mit seinen zehn Meter breiten Flügeln das größte seiner Art in der Ostseeküstenregion (ganz rechts oben). Rechts: Blick in das Hauptkirchenschiff gen Osten.

WISMAR: ALTER HAFEN

WISMAR: ST.-NIKOLAI-KIRCHE

REUTERHAUS
HOTEL

SEESTERN
Alter Schwede
RESTAURAN

WISMAR: ALTER MARKT

Im Herzen der Altstadt liegt der Marktplatz. Die wichtigsten historischen Gebäude der Stadt sind hier zu finden. Dazu gehört zweifellos das älteste Bürgerhaus Wismars, »Alter Schwede« genannt. Um 1380 wurde das Dielenhaus mit dem Staffelgiebel für einen Kaufmann als repräsentativer Wohnsitz errichtet. Die Backsteinfassade ziert eine schwedische Flagge. Seit 1878 ist Gastronomie im Alten Schweden untergebracht. Das klassizistische Rathaus, vom Baubeamten Johann Georg Barca entworfen, steht an der nördlichen Seite des Marktplatzes. Dort gibt es ein gotisches Kellergewölbe, mittelalterlicher Zeuge des Baubeginns. Eine Ausstellung informiert darin über die Entwicklung der Stadt Wismar. Auch die Wasserkunst, ein architektonisches Juwel, ist am Markt zu Hause. Wie eine auf den Boden geholte Kirchturmspitze sieht ihr Pavillon aus.

Der Wismarer Marktplatz ist mit 10 000 Quadratmetern der größte in Norddeutschland. Im Zentrum steht die Wasserkunst, ein Prunkbau der bis 1897 der Wasserversorgung diente (Bildleiste oben und nachfolgende Seiten). Unten: Der »Alte Schwede« (1380, Bildmitte) ist das älteste Bürgerhaus Wismars, das Reuterhaus war einst eine Verlagsbuchhandlung (rechts im Bild). Links: das Rathaus von Wismar.

Deutsche Bank

ASIA NGUYEN
MODEHAUS

POEL

KLÜTZER WINKEL

POEL

Poel ist Deutschlands jüngstes Ostseebad – seit 2005 darf die Insel diesen Titel führen. Sie liegt in der östlichen Wismarbucht und ist wie Fehmarn und Rügen durch eine Straße mit dem Festland verbunden. In der Form ähnelt Poel einem auf der Spitze stehenden Dreieck. Von Süden zieht sich eine Bucht tief ins Inselinnere – die Kirchsee, an deren Ende der Hauptort Kirchdorf liegt. In der Vergangenheit diente das Gestade aufgrund seiner hervorragenden strategischen Position häufig Großmächten als Aufmarsch- und Kriegsschauplatz, zum Nachteil der Bevölkerung. Wie Wismar gehörte auch Poel bis 1903 zum schwedischen Königreich. Im 17. Jahrhundert erbauten die Skandinavier bei Kirchdorf ein Schloss mit Zitadelle, von dem allerdings nur noch Fragmente existieren. Da ringsum Flachwasser die Insel umgibt, gilt Poel als ideales Familien-Reiseziel.

Fotografen können sich am Lichterspiel der Naturstrände und Steilküsten erfreuen, während Kinder lieber im mehr als elf Kilometer langen Sandstrand buddeln. Poel ist über einen Damm mit dem Festland verbunden.

KLÜTZER WINKEL

Dachte Bismarck an Klütz, als er spottete, in Mecklenburg wünsche er beim Weltuntergang zu sein, weil hier alles 100 Jahre später passiere? Noch immer ist die Marienkirche der höchste Punkt des 3000-Einwohner-Städtchens. So markiert sie heute wie einst die Grenzen des Klützer Winkels: Dem Volksmund nach endet er dort, wo die Kirchturmspitze außer Sicht gerät. Die Region zwischen Lübecker und Wismarer Bucht gehört zu den Landschaften, in denen während des Kalten Krieges die Zeit stillstand. Kopfsteinpflaster und Reetdächer haben in einer leicht hügeligen Natur, die von der letzten Eiszeit geformt wurde, überdauert. Die einstige Randlage hinter dem Todesstreifen lockt heute Touristen: Die nahe Küste ist vielfach unbebaut, zahlreiche Dörfer haben noch ihren Gutshof. Paradestück ist Schloss Bothmer – mit 11,7 Hektar die größte Barockanlage Mecklenburgs.

Links: Schloss Bothmer wurde um 1730 nach englischen und niederländischen Vorbildern für den Reichsgrafen Hans Caspar von Bothmer gebaut. Es diente als Familiensitz. Unten links: die denkmalgeschützte Klützer Mühle.

LÜBECK

Hanse, Marzipan, die Manns – das sind die Schlagworte, die man gemeinhin mit Lübeck verbindet. Die Hauptattraktion ist jedoch der mittelalterliche Stadtkern mit seiner stilbildenden Backsteingotik. Als Kaufmannssiedlung wurde Lübeck 1143 von Graf Adolf II. von Holstein gegründet. Der 1226 verliehene Status einer Freien Reichsstadt bedeutete für die Kaufmannschaft und die Handwerkergilden weitgehende wirtschaftliche Unabhängigkeit. Handelsgeschick und Fleiß machten die Stadt an der Trave im Hinterland der Ostseeküste bald zur »Königin der Hanse«, die bereits Ende des 13. Jahrhunderts eine führende Stellung innerhalb dieses mächtigen Städtebundes einnahm. Aber auch in geistlicher Hinsicht war Lübeck als Zentrum des Bistums Oldenburg sehr bedeutend, und so begegnet man in der Altstadt gleichermaßen den Zeugnissen kirchlicher und weltlicher Machtdemonstration.

Links: »Concordia domi foris pax«, lautet eine Inschrift im Holstentor, einem der berühmtesten Bauwerke der Hansestadt. »Drinnen Eintracht, draußen Frieden« – dieser Satz macht Lübecks Gesinnung allen Besuchern deutlich, die durch das Stadttor treten. Fast gäbe es das Holstentor nicht mehr, denn es sollte Mitte des 19. Jahrhunderts Gleisanlagen weichen. Unten: alte Salzspeicherhäuser an der Trave.

LÜBECK: TRAVE UND ALTER HAFEN

Die »Königin der Hanse« war einst die mächtigste Stadt Nordeuropas – sie organisierte die Hansetage, jährliche Treffen des Handelsbundes, und führte Kriege gegen Könige und Piraten. An die große Vergangenheit erinnern heute Museen und viele Backstein-Baudenkmäler. Liubice, zu Deutsch »lieblich«, war zuerst eine slawische Siedlung, die jedoch im 12. Jahrhundert zerstört wurde. Zur Machtsicherung gründete Adolf II. von Schauenburg und Holstein Lübeck 1143 neu auf einem Inselrücken am Zusammenfluss von Wakenitz und Trave. Der Zugang zum Meer im 17 Kilometer entfernten Travemünde machte sie zur ersten deutschen Hafenstadt an der Ostsee – eine Vorlage, die Lübeck nutzen sollte: Bereits 1226 erhielt der Handelsplatz die Reichsfreiheit. Hiesige Spezialitäten sind »Rotspoon«, in Buchenfässern gereifter südfranzösischer Wein, und natürlich das berühmte Marzipan.

Doppelte Backsteinherrlichkeit im Wasserspiegel: Vor den Fassaden historischer Kaufmannshäuser liegen im Museumshafen am Rand der Lübecker Altstadtinsel auf der Untertrave liebevoll restaurierte Segelschiffe. Aus dem Panorama der Altstadt stechen sieben Kirchtürme heraus. Am auffälligsten sind die Doppeltürme der Marienkirche, die die Stadtansicht seit 1350 beherrscht.

DIE HANSE

Noch heute verweisen Lübeck, Rostock, Wismar, Stralsund und andere Städte stolz auf ihre einstige Mitgliedschaft in der Hanse. Das lockere Bündnis entstand im Hochmittelalter, als der Fernhandel viele deutsche Kaufmannsgilden im Ostseeraum reich machte. Im Machtvakuum eines schwachen deutschen Kaisertums und zum Schutz gegen Piraten, Feudalherren und Konkurrenten bildete sich eine Schar (althochdeutsch »Hansa«) von 70 Städten unter Führung Lübecks sowie 130 Verbündeten, darunter der deutsche Ritterorden. Auf jährlichen Hansetagen verhandelten Gesandte der Bürgerschaften aktuelle Probleme, von Rechtsfragen bis hin zu Kriegen. In den Kontoren von Nowgorod, Brügge und London wickelte das Kartell Exportgeschäfte ab. Den Höhepunkt der Macht erlebte die Hanse Ende des 15. Jahrhunderts, als ihre Flotten mehrfach den dänischen König besiegten und den gefürchteten Seeräuber Klaus Störtebeker bezwangen. Der florierende Seehandel stand im Zeichen der Kogge, die viele Hansestädte auch im Siegel führten: Ein neuer Schiffstyp, dessen gedrungener Rumpf Seetüchtigkeit garantierte und großen Laderaum ermöglichte – Kanonen und Waffenknechte schützten vor Piraten. Das Ende der Hanse begann mit der Entdeckung Amerikas 1492: Der Handel verlagerte sich nach Westen.

Bildleiste unten: das Haus der Schiffergesellschaft in Lübeck. Im 16. Jahrhundert nannte sich das markante Backsteingebäude mit dem Treppengiebel »Amtshaus der Schiffer und Bootsleute«. Noch heute ist die ehemalige Versammlungsstätte der Seefahrer ein geselliger Ort. Im Restaurant hängen alte Schiffsmodelle. Bildleiste oben: mittelalterliche Ansicht von Hamburg; links: Karte von Lübeck von 1572.

LÜBECK: MARIENKIRCHE

Die Marienkirche wurde 1159 gegründet und 1250 bis 1280 als Backsteinbasilika nach dem Vorbild des Lübecker Doms errichtet. Nach einem Stadtbrand erfolgte der Umbau zu einer frühgotischen Halle ohne Querschiff mit einem Westturm. Vor ihrer Vollendung wurden Ende des 13. Jahrhunderts nochmals die Baupläne geändert. Die Kirche wurde nun nach französischen Vorbildern zu einer Kathedrale mit dreischiffigem Umgangschor und Kapellenkranz umgestaltet. Diese neue Variante übertrug den hochgotischen französischen Kathedralentyp auf den norddeutschen Backsteinbau und wurde damit zum Vorbild für den gesamten Ostseeraum. Die enorme Höhe der Kirche (fast 40 Meter) und ihr monumentales Westwerk sind ein Symbol des Wohlstands und der Macht der Hansestadt Lübeck. Zusammen mit der Altstadt ist die Kirche Teil des UNESCO-Weltkulturerbes.

Der Blick über die Trave wird auch bei Nacht von den stattlichen Türmen der Marienkirche gefesselt. Mit ihren 124 Metern ragen sie weit über das Stadtbild (links). In der Kirche sind trotz schwerer Bombenschäden im Zweiten Weltkrieg noch viele mittelalterliche Schätze erhalten geblieben. Das Mittelschiff ist mit 38,50 Meter Höhe das höchste gemauerte Gewölbe der Welt (großes Bild, rechts ein Seitenschiff).

LÜBECK: RATHAUS

Zwischen Marktplatz und Breite Straße liegt das Rathaus. Schon 1308 wurde der Ursprungsbau fertiggestellt, dann aber immer wieder um verschiedene Anbauten ergänzt. Die Renaissancetreppe, von der Fußgängerzone aus wunderbar zu sehen, stammt beispielsweise aus dem Jahr 1594. Markant ist neben den Türmchen und den Schaufronten über den Giebeln der rötliche Backstein, der an vielen Stellen beinahe schwarz aussieht. Heute ist es ein Rätsel, wie der Stein gebrannt wurde, um dieses Aussehen zu bekommen und derartig robust zu sein. Auch ein Blick nach innen lohnt sich. Ungeheuer prächtig zeigt sich der Audienzsaal, der hochkarätigen Empfängen und Veranstaltungen vorbehalten ist. Oberhalb der Freitreppe zeigen drei monumentale Gemälde die Gründung des Stadtrates sowie den Dombau durch Heinrich den Löwen und die Verleihung des Barbarossa-Privilegs.

Der gotische Backsteinbau des Rathauses ist heute noch der Sitz des Bürgermeisters. Die runden Löcher in der Fassade sollen das Gebäude vor allzu starkem Winddruck schützen.

LÜBECK: HEILIGEN-GEIST-HOSPITAL

Lübeck durfte sich Königin der Hanse nennen. Schon im Mittelalter war sie eine reiche Handelsstadt. Glücklicherweise waren die Kaufleute nicht nur auf ihr eigenes Wohl bedachte »Pfeffersäcke«, sondern Männer mit Verantwortungsgefühl. Als eine der ersten Sozialeinrichtungen Europas entstand 1227 ein Hospital, das 100 Menschen Platz bot. Das heutige Gebäude wurde 1286 in Betrieb genommen. Es ist eines der bedeutendsten Beispiele norddeutscher Backsteingotik und steht auf dem Plan jedes Lübeck-Besuchers. Wer kunsthistorisch interessiert ist, sieht sich die Kirchenhalle mit den Altären und der Kanzel sowie Heiligenfiguren aus dem 14. und 15. Jahrhundert an. Attraktion in der Adventszeit ist der Weihnachtsmarkt, bei dem Kunsthandwerk in sogenannten Kabäusterchen präsentiert wird. Das sind kleine Schlafkammern, die bis 1970 von Senioren bewohnt wurden.

Das Gebäude von 1286 ist bereits der Neubau, in dem Alte und Kranke untergebracht wurden. Außer den Kabäusterchen sind auch die Kellergewölbe und vor allem die Kirchenhalle sehenswert (rechts).

LÜBECK: RATHAUS

LÜBECK: HEILIGEN-GEIST-HOSPITAL

LÜBECK: BUDDENBROOKHAUS

Die Geschichte des Buddenbrookhauses beginnt im Jahr 1758 mit dem Kauf des Grundstücks in der Mengstraße 4 und der Erbauung des Hauses durch den Marburger Kaufmann Johann Michael Croll. 1842 erwarb Johann Siegmund Mann, der Großvater der Literaten, das Haus. Bis 1891 verblieb es in Familienbesitz, bis es 1893 von der Stadt Lübeck übernommen und weitervermietet wurde. In den 1920er-Jahren beherbergte es eine Buddenbrookbuchhandlung. 1942 während der Bombenangriffe der britischen Luftwaffe auf Lübeck bis auf die Fassade und den Gewölbekeller zerstört, kaufte 1954 eine Bank das Gebäude und ließ hinter der alten Fassade einen Neubau für eine Filiale errichten. 1991 kehrte es in den Besitz der Stadt Lübeck zurück. 1993 schließlich entstand anlässlich der Expo 2000 die Idee zu einem Buddenbrookmuseum.

Der Besucher kann in den Familienalltag der Lübecker Kaufmannsfamilie eintauchen. Das Haus beherbergt neben einer Dauerausstellung umfangreiche Sammlungen, eine Spezialbibliothek und ein Archiv.

THOMAS MANN

Thomas Mann (1875–1955) war die vielleicht eindrucksvollste Verkörperung des »Großschriftstellers«, die Deutschland im 20. Jahrhundert erlebt hat, und zudem Sinnbild für jenen moralisch integren Teil des Bürgertums, der sich in klarer Gegnerschaft zu den Nationalsozialisten befand. Thomas Mann wurde 1875 als Sohn einer Lübecker Kaufmannsfamilie geboren. Im Jahr 1895 begann er ein Studium an der Technischen Hochschule in München, 1898 wurde er Lektor der Zeitschrift »Simplicissimus« und veröffentlichte von da an unaufhörlich Erzählungen, Novellen und Romane. Bereits 1901 erschien der groß angelegte Familienroman »Buddenbrooks«, für den Mann 1929 den Nobelpreis erhalten sollte. 1905 heiratete er die reiche Bankierstochter Katja Pringsheim. Mit ihr hatte er fünf Kinder, von denen Erika, Klaus und Golo selbst wiederum berühmt wurden. Seine Erzählung »Der Tod in Venedig« erregte 1912 wegen ihrer homoerotischen Anspielungen großes Aufsehen. 1924 erschien das Meisterwerk »Der Zauberberg«. 1933 ging die Familie ins Exil. Über die Schweiz und Südfrankreich kamen die Manns 1941 nach Amerika, wo der Schriftsteller im Jahr 1944 die US-Staatsbürgerschaft erhielt. Ab 1951 lebte Thomas Mann in Kilchberg am Zürichsee, wo er 1955 einem Herzinfarkt erlag.

Im Heinrich-und-Thomas-Mann-Zentrum im Buddenbrookhaus von Lübeck kann man der Geschichte und dem literarischen Werk der Familie Mann nachgehen (Bilder rechts). Unten: Thomas Mann mit seiner Ehefrau Katia.

FREMDE HEIMAT
FRÄMMANDE HEMLAND

LÜBECKER BUCHT UND TRAVEMÜNDE

Husch, husch ins Strandkörbchen: An kaum einer Küste findet man mehr der schützenden Geflechte als an der Lübecker Bucht. Als Teil der Mecklenburger Bucht öffnet sie sich trichterförmig von Südwesten, wo der Fluss Trave mündet, nach Osten zur See hin. Aufgrund ihrer feinsandigen Strände und sanft abfallenden Ufer gehört sie zu den beliebtesten Baderevieren Deutschlands. Grömitz, Kellenhusen, Sierksdorf, Scharbeutz, Timmendorfer Strand und Travemünde sind bekannte Badeorte, an deren breiten Stränden im Sommer Hochbetrieb herrscht. Da nördlich des 50. Breitengrades der Wind auch mal kühler weht, gehört der Strandkorb zum Ostsee-Badeleben dazu wie der Matjes zum Meer. Letzteren gibt es in den Fischerdörfern an der Lübecker Bucht übrigens auch fangfrisch direkt am Hafen, zünftig mit Brötchen und Zwiebel. Die schöne Umgebung schmeckt man hier mit.

Das Ostseeheilbad Travemünde wird gern als »Lübecks schönste Tochter« bezeichnet. Die breite Strandpromenade hat seit ihrer Eröffnung 1908 kaum an Reiz verloren. Der Blick auf die vorbeiziehenden Schiffe lässt keine Langeweile aufkommen. Die Badegäste können zwischen Natur-, Sand- und Grünstrand wählen. Wie hier früher gebadet wurde, erfährt man anschaulich im Seebadmuseum vor Ort.

FEHMARN

Ein Fehmarner Sprichwort besagt, dass auf der Insel schon morgens zu sehen ist, wer nachmittags zum Kaffee kommt – so flach ist sie. Die höchste Erhebung ist der 27 Meter hohe Hinrichsberg. Ihren Charakter prägt eine Felsenküste im Osten sowie Dünen nebst flachen Stränden an den übrigen Ufern. Die ovale Insel mit 78 Kilometern Küstenlinie gehört zu den sonnenreichsten Gegenden Deutschlands. Neben einer Viertelmillion Gästen – viele davon kommen wegen der exzellenten Surf-Reviere – rollt ununterbrochen der Transitverkehr: Über Fehmarn verläuft die »Vogelfluglinie«, eine Lkw-Route von Mitteleuropa nach Skandinavien, vom Festland über die 1963 erbaute Fehmarnsundbrücke und weiter von Puttgarden per Fähre über den Fehmarnbelt nach Dänemark und Schweden. 2003 wurden alle Gemeinden zur Stadt Fehmarn vereinigt, der Hauptort der Insel ist Burg.

Zumindest vielen Skandinavien-Urlaubern ist »die Sonneninsel im schönsten Bundesland der Welt« durch den Fährhafen Puttgarden vertraut. Zu Fehmarns idyllischen Flecken gehört im Südwesten der Hafen von Orth (unten). Die langen flachen Sandstrände von Fehmarn lassen sich aus der Luft gut erkennen (ganz links). Die Fehmarnsundbrücke verbindet die Insel mit dem Festland (links).

NATURPARK HOLSTEINISCHE SCHWEIZ

Stille Wälder, weite Wasserflächen, Wiesen und Hecken voll geheimnisvollem Leben – das ist die Holsteinische Schweiz mit mehr als 200 Seen, etwa auf halber Strecke zwischen Lübeck und Kiel gelegen. Ihre höchste Erhebung, der Bungsberg, misst zwar nur 168 Meter, doch es führt sogar ein Schlepplift in Deutschlands »nördlichstes Skigebiet«. Hier beginnt die Schwentine, mit 62 Kilometern der längste Fluss Schleswig-Holsteins, ihre verschlungene Reise von See zu See bis nach Kiel. Sie ist sogar schiffbar – die Fünf-Seen-Fahrt, die von Plön dem Lauf der Schwentine folgt, führt mitten durch die unverbaute Landschaft. 1986 wurde die Region größter Naturpark des Landes und bietet nun Seeadlern und anderen seltenen Tier- und Pflanzenarten besonderen Schutz. Erste Adresse für Besucher ist das Naturpark-Haus, die alte Reithalle von Schloss Plön.

Charakteristisch für die Landschaft sind die »Knicks«. Das sind Wallhecken, deren Sträucher die landwirtschaftlichen Flächen umsäumen. Aber auch herrliche Lindenalleen führen mitten hinein in die usprüngliche Natur (großes Bild). Viele Tiere finden dort Nistplätze, darunter Mittelsäger und Rothalstaucher (Bilder links). Bildleiste von oben: Lanker See und herbstliches Schwentine-Tal.

Wasser, so weit das Auge reicht: Die glänzenden Flächen spiegeln den Himmel und machen den besonderen Reiz dieser Landschaft aus. Plön ist mit seiner riesigen Seenplatte ein Zentrum des Wassersports. Allein der Große Plöner See beeindruckt mit 30 Quadratkilometern. Einen der schönsten Ausblicke genießen Besucher vom Schloss aus. Wer auf der Terrasse steht, kann die vielen kleinen Segelboote beobachten, die vertäut am Steg schaukeln oder von Möwen begleitet kreuzen. In Kanus und Kajaks wird um die Wette gepaddelt. Der Garten des Renaissance-Schlosses lädt ebenso zu einem Spaziergang ein wie die schmucke Altstadt mit ihren Cafés und Geschäften. Für Wanderlustige und Radfahrer bietet die Umgebung ideale Touren. Schwindelfreie können die Gegend aus einer ganz anderen Perspektive erleben und in einen Heißluftballon steigen.

Links und unten: Mit seinen dicht bewaldeten Ufern und den Inseln hat der Große Plöner See teilweise fast skandinavischen Charakter. Über dem Großen Plöner See thront das Plöner Schloss (ganz unten). Der Plöner See ist mit rund 30 Quadratkilometern Wasserfläche der größte von mehr als 200 Seen der Region. Ganz links: Blick in die Nikolaikirche von Plön aus dem ausgehenden 19. Jahrhundert.

KIEL

Wasser prägt die Landeshauptstadt Schleswig-Holsteins mit heute etwa 250000 Einwohnern – der Naturhafen an der malerischen Fördeküste ist Ausgangspunkt für Fähren ins Baltikum, nach Skandinavien und Russland. Der Name der Stadt rührt vermutlich vom alten Wort »Kyle« her, der zum »Keil« wurde und die keilförmige Förde meint. Über Jahrhunderte abgeschlagen hinter Lübeck und Flensburg, verdankt Kiel seinen raschen Aufstieg im 19. und frühen 20. Jahrhundert dem Schiffbau und der Marine. Allein zwischen 1900 und 1910 hat sich die Einwohnerzahl auf 211000 Menschen mehr als verdoppelt, 30000 davon waren Angehörige der Marine. Noch heute empfängt der Stützpunkt der Bundesmarine Flottenbesuche aus aller Welt. Auch der Fährhafen, der Nord-Ostsee-Kanal und die jährliche Kieler Woche machen Kiel zu einer Stadt mit internationalem Publikum.

Die besondere Atmosphäre sakraler Bauten wird im ältesten Gebäude Kiels spürbar: Die Nikolaikirche mit ihrem gotischen Hallenbau und dem Erzväteraltar (ganz links) von 1460 gehört zu den wichtigsten Sehenswürdigkeiten der Stadt. Das Rathaus mit seinem 106 Meter hohen Turm wurde nach dem Vorbild des Campanile von San Marco in Venedig gestaltet und prägt weithin sichtbar die Stadtsilhouette (unten).

»Klar zur Wende!« – jedes Jahr in der letzten Juniwoche wird die Kieler Förde zur maritimen Arena, wenn von der »Kiellinie« bis zum Olympiahafen Schilksee an der Ostsee mehr als 2000 Boote um die Meisterschaften der nationalen und internationalen Bootsklassen kämpfen. Mit 5000 Seglern und rund 3,5 Millionen Besuchern ist die Kieler Woche das größte Segelsportereignis der Welt – »Starboote«, »Laser«, »Piraten«, »Drachen« und andere Klassen starten auf den Regattabahnen entlang der Förde, während parallel zum Wettkampf auf dem Wasser in der Landeshauptstadt Schleswig-Holsteins ein riesiges »Seglerfest« stattfindet: Über 1500 Veranstaltungen vom Kinderzirkus über Klassik-Konzerte, von der Imbissbude bis zum Feuerwerk begeistern die Zuschauer. Höhepunkt der Kieler Woche jedoch ist die Windjammerparade am Wochenende, traditionell angeführt vom stolzen Segelschulschiff der Bundesmarine, der »Gorch Fock«. Die Tradition der Kieler Woche reicht zurück bis ins Jahr 1882: Damals nahmen 20 Segeljachten, darunter eine dänische, an einer Privat-Regatta vor Düsternbrook teil, zehn Jahre später waren es bereits 100 Teilnehmer. Wegen ihrer unbeständigen Wind- und Wetterverhältnisse gilt die Ostsee vor Kiel noch heute als eines der anspruchsvollsten Segelreviere weltweit.

Hier treffen sich seetaugliche Seefahrer und schiffbegeisterte Zuschauer, die gesehen werden wollen, wenn sie sich die steife Brise um die Nase wehen lassen. Die meisten Segelwettfahrten beginnen im Olympiazentrum Schilksee. Berühmt ist vor allem die Windjammerparade (alle Bilder), bei der sich rund 100 Groß- und Traditionssegler sowie zahlreiche Dampfschiffe und Begleitfahrzeuge präsentieren.

NORD-OSTSEE-KANAL

In Quizsendungen würden viele Kandidaten bei einer Frage scheitern: Welche künstliche Wasserstraße ist die am meisten befahrene der Welt? Der Panamakanal? Falsch. Der Suezkanal? Auch er ist es nicht. Es ist der Nord-Ostsee-Kanal. Vergleichsweise bescheiden kommt er als dünnes blaues Band auf Landkarten daher, mit den pompösen Vergangenheiten seiner Konkurrenten kann er ebenfalls nicht mithalten. Eröffnet wurde er 1895 als Kaiser-Wilhelm-Kanal, seit 1948 trägt er seine heutige Bezeichnung, die zum Ausdruck bringt, worum es bei ihm geht: Auf fast 100 Kilometer Länge verbindet er die Nordsee mit der Ostsee. Dadurch erspart er Schiffen eine Passage durch Skagerrak, Kattegat und – je nach Weg – den Kleinen Belt, den Großen Belt oder den Öresund. Auch sein international bekannter Name, »Kiel Canal«, ist präzise, denn seine östliche Mündung liegt in der Fördestadt. Im Westen endet er in der Elbmündung bei Brunsbüttel. In der über einhundert Jahre langen Geschichte des Nord-Ostsee-Kanals hat sich viel in der Schifffahrt getan, die größten Ozeanriesen können den Weg heute nicht mehr befahren. Die Höhe der insgesamt zehn Brücken liegt bei 42 Metern, die Wassertiefe liegt allerdings bei nur elf Metern. Dennoch benutzen pro Jahr um die 40 000 Schiffe den Kanal.

Gigantische Containerschiffe wirken fast überdimensioniert groß, wenn sie an den kleinen Dörfern entlang des Nord-Ostsee-Kanals vorbeischippern. Die Strecke, die auch bei vielen Kreuzfahrtreedereien beliebt ist, ist noch betriebsamer als der Panamakanal. Fackeln, Lampions und Lichtkegel – von Kiel bis Brunsbüttel treffen sich die Menschen einmal im Jahr zum Lichterfest am Kanal (ganz links).

SCHLESWIG

In einer Bucht an der Schlei liegt die Wikingerstadt Schleswig, erstmals 804 als »Sliasthorp« urkundlich erwähnt. Ursprünglich ein kleiner Nachbarort des bedeutenden Haithabu, trat Schleswig nach dessen Zerstörung sein Erbe an und stieg zum Handelszentrum auf – die Lage an der Schlei-Wasserstraße und der Ochsenweg-Fernroute war dazu prädestiniert. Symbole einstiger Größe sind der weithin sichtbare Dom und das mehr als 800 Jahre alte Schloss Gottorf, einst Sitz des dänischen Statthalters. Es beherbergt den berühmten Riesenglobus von 1664 sowie mehrere Museen zu den Themen Archäologie, Kunst- und Kulturgeschichte. Ein Besuch der malerischen Fischersiedlung Holm am Rande der Altstadt führt direkt in die Vergangenheit – zwischen Friedhofskapelle und Holm-Museum stehen zahlreiche Fischerhäuser, deren Bewohner vielfach noch der Schleifischerei nachgehen.

Der markante Turm des Doms St. Petri dominiert die Silhouette von Schleswig (links, im Vordergrund die Schlei). Eines der idyllischsten Viertel Schleswigs ist der Holm (Bilder unten). Hier stehen noch alte niedrige Fischerhäuschen mit verzierten Holztüren, und auch eine Vielzahl der Bewohner lebt noch von der Fischerei auf der Schlei. Das Viertel entstand bereits um das Jahr 1000.

SCHLESWIG: DOM

Mit seinem 112 Meter hohen Turm ist der Dom St. Petri das Wahrzeichen von Schleswig. Der Turm wurde erst im 19. Jahrhundert erbaut und der bereits vom 13. bis 15. Jahrhundert errichteten gotischen Halle hinzugefügt. Einzelne Bauteile des Doms verweisen auf einen romanischen Vorgängerbau. So betritt man etwa den Dom durch das romanische Petriportal von 1180. Innen beeindrucken das Chorgestühl (1512), das Marmorgrabmal des Dänenkönigs Friedrich I. (1552) und die Bronzetaufe von 1480. Die bedeutendste Sehenswürdigkeit ist der spätgotische Bordesholmer Altar von Hans Brüggemann, der seit 1666 im Dom zu bewundern ist. Seinen Namen erhielt dieses Meisterwerk europäischer Holzschnitzkunst, weil der Künstler es ursprünglich für das Augustinerchorherrenstift in Bordesholm schuf. Zum Dom gehört auch ein 1310 bis 1320 erbauter Kreuzgang, der »Schwahl«.

Das Prunkstück des Doms ist der von 1514 bis 1521 von Hans Brüggemann geschaffene Bordesholmer Altar. Der zweiflügelige Klappaltar aus Eichenholz ist zwölf Meter hoch und weist fast 400 Schnitzfiguren auf (rechts).

SCHLESWIG: SCHLOSS GOTTORF

Auf der Burginsel am Ende der Schlei thront eine gewaltige Anlage. Ihr Anblick macht es dem Betrachter nicht schwer, sich vorzustellen, dass hier vom Ende des 16. bis in die Mitte des 17. Jahrhunderts ein europäisches Kulturzentrum von Weltruf lag. Mehrere dänische Könige regierten ihr riesiges Reich von Gottorf aus. Unter ihrem Einfluss entstanden sowohl die Gotische Halle, einer der ältesten erhaltenen Säle, als auch der komplette Westflügel. Ost- und Nordflügel dagegen stammen aus der Zeit Herzog Adolfs I. Ab dem Jahr 1697 erhielt der Renaissancebau schließlich unter Herzog Friedrich IV. den barocken Südflügel. Während der deutsch-dänischen Kriege verschwand viel von der kostbaren Einrichtung. Nebengebäude wurden abgerissen, Gottorf wurde zur Kaserne. Seit 1948 ist es Sitz zweier Landesmuseen. Sehenswert ist auch der Barockgarten mit dem Globushaus.

Schloss Gottorf wurde in seiner über 800-jährigen Geschichte mehrfach umgebaut. Vor den Terrassenstufen im Garten ist ein großes Wasserbecken angelegt, der Spiegelteich (rechts). Ganz rechts oben: der Herkules im Spiegelteich und das neue Globushaus.

SCHLESWIG: DOM

SCHLESWIG: SCHLOSS GOTTORF

WIKINGER IN HAITHABU

Als 1979 bei archäologischen Untersuchungen in der Schlei ein hölzernes Wrack zutage gefördert wurde, war die Sensation perfekt: ein Drachenboot in der Wikinger-Stadt Haithabu! Heute ist das etwa 30 Meter lange Haithabu-Schiff Prunkstück des Museums, das an die bedeutende Handelsstadt erinnert. Haithabu wurde gegen Ende des 8. Jahrhunderts gegründet – in seiner Blütezeit bewohnten mindestens 1500 Menschen die 26 Hektar große Siedlung, die durch einen neun Meter hohen Erdwall geschützt war. 1050 ließ König Hardraba von Norwegen den Bischofssitz erobern und plündern. Die überlebenden Bewohner siedelten sich daraufhin im nahen Schleswig an, Haithabu wurde aufgegeben und vergessen. Heute liefert die Ausgrabungsstätte wertvolle Erkenntnisse über die Wikinger: Die Nordmänner mit ihren äußerst seetüchtigen Schiffen waren keine einheitliche Ethnie, sondern bäuerliche Abkömmlinge verschiedener skandinavischer Volksstämme, die von etwa 500 bis 1000 n. Chr. vermutlich durch Überbevölkerung und Hungersnöte gezwungen waren, ihre Heimat zu verlassen. Sie waren aber mehr als nur »wilde Barbaren«. Viele siedelten sich in Mitteleuropa, England oder der Normandie an, betrieben Ackerbau, Handwerk und Handel. Die Spuren der Wikinger reichen bis nach Sizilien, Afrika und Amerika.

Der frühstädtische Seehandelsplatz Haithabu gibt Aufschluss über die wirtschaftlichen, sozialen und historischen Entwicklungen im Europa zur Wikingerzeit, deshalb erklärte die UNESCO 2018 ihn zum Weltkulturerbe. Im Wikinger-Museum werden die wichtigsten Funde der archäologischen Forschung ausgestellt. Das spektakulärste Ausstellungsstück ist das wiederaufgebaute Langschiff (großes Bild).

GLÜCKSBURG

»Gott gebe Glück mit Frieden« – dieser Wahlspruch von Johann dem Jüngeren von Schleswig-Holstein prangt über dem Portal von Schloss Glücksburg und gab der einmalig schönen Renaissanceanlage einst ihren Namen. Der Herzog ließ sie 1582 bis 1587 nahe der Flensburger Förde auf und mit den Überresten eines Zisterzienserklosters errichten. Sein Baumeister Nikolaus Karies schuf die Residenz nach französischem Vorbild mit vier oktagonalen Ecktürmen um einen quadratischen Grundriss, in der zeitweise sogar Dänemarks Könige Hof hielten. Davor liegt der Schlossplatz mit Nebengebäuden und angrenzendem Park im englischen Stil mit dem Rosarium, das zu besichtigen ist. Auch Teile des Schlosses sind als Museum zugänglich, darunter ein großer Rittersaal, ausgesuchte Möbel, Silber- und Porzellanantiquitäten aus herzoglichem Besitz sowie die Schlosskapelle von 1717.

Nur wenige Hundert Meter von der Flensburger Förde entfernt liegt das Wasserschloss Glücksburg. Es besteht aus drei nebeneinanderstehenden Giebelhäusern, die ein 30 Meter langes Quadrat bilden – an jeder Ecke trutzt ein achteckiger Turm.

FLENSBURGER FÖRDE

So wie die Förde zwei Ufer besitzt, so hat Flensburg zwei Kulturen: die deutsche und die dänische. Mehr als ein Fünftel der Bevölkerung gehört der dänischen Minderheit an, die eigene Kindergärten, Schulen, Vereine und mit der »Flensborg Avis« sogar eine Zeitung in ihrer Sprache nutzt. Auch die lange Tradition als Umschlagplatz für Rum hat das Lebensgefühl positiv beeinflusst – einst veredelten 200 Rumdestillerien den karibischen Schnaps, zwei gibt es heute noch. Zwar befahren nicht mehr viele Handelsschiffe die 34 Kilometer lange Förde, doch für Wassersportler zählt sie zu den beliebtesten Revieren Deutschlands. An ihre maritime Tradition erinnern schwimmende Veteranen im Museumshafen, der auch Heimat des Flensburger Wahrzeichens ist: des 1908 gebauten Salondampfers »Alexandra«, ein technisches Denkmal und regelmäßig zu Ausflügen auf der Förde unterwegs.

Idyll Flensburger Förde: Blick auf das Meer von Lanballigau (rechts). Die Halbinsel Holnis (Bilder ganz rechts) zieht sich sechs Kilometer in die Förde hinein. Teile der Holnis sind als Naturschutzgebiet ausgewiesen, da hier wertvolle Salzwiesen bestehen.

GLÜCKSBURG

FLENSBURGER FÖRDE

FLENSBURG

Prachtvolle Bauten auf dem Moränenplateau rund 50 Meter über der Stadt, unten, rund um den Hafen, hübsche Hinterhöfe, Kopfsteinpflaster und Fachwerkhäuschen – Flensburg punktet mit Gegensätzen. »Frieden ernährt – Unfrieden verzehrt«, so steht es in das um 1595 erbaute Nordertor gemeißelt. Sowohl ihre Grenze zum heute dänischen Jütland als auch der Zugang über die Förde zu den Ländern im Osten brachten der Stadt schon immer zweierlei: Wohlstand durch Handel, aber auch Not durch kriegerische Auseinandersetzungen. Die St.-Johannis-Kirche aus dem 11. Jahrhundert ist eines der ersten Gebäude, die anfangs nur eine kleine Schiffersiedlung waren. Um 1200 rückte man ein Stück den Fördeverlauf hinauf, die St.-Marien-Kirche wurde erbaut, eine Stadtmauer errichtet. Vermutlich im 14. Jahrhundert entstand das Nordertor, dessen Nachfolgebau heute Wahrzeichen ist.

Hübsch zu Wasser und zu Land: Flensburgs Hafen (unten) und die Rote Straße (ganz links). In der historischen Altstadtgasse findet man viele pittoreske Kaufmanns- und Handwerkshöfe. Links: Schiffsfreunde kommen hier auf ihre Kosten. Nach historischen Plänen und mit alter Handwerkskunst werden in der Flensburger Museumswerft Holzboote nach historischem Vorbild neu gebaut oder restauriert.

REGISTER

BILDNACHWEIS/IMPRESSUM

C = Corbis
G = Getty Images
M = Mauritius Images

Cover: Look/Sabine Lubenow

S. 1 Look/Sabine Lubenow, S. 2/3 M/Helmut Hess, S. 4/5 G/Milamai, S. 6/7 M/NielsDK, S. 8/9 L/Gerhard Westrich, S. 10/11 G/Allard Schager, S. 12/13 G/Margus Muts, S. 14/15 G/Anan Charoenkal, S. 16/17 G/Evgeny Kuklev, S. 18/19 Look/Olaf Bathke, S. 19 G/Yanis Ourabah, S. 19 Look/Christian Bäck, S. 20/21 M/Harald Wenzel-Orf, S. 21 Look/age, S. 21 M/Alamy, S. 21 G/Panoramic Images, S. 22/23 G/Steve Allen, S. 23 M/Robert Harding, S. 23 G/Nick Brundle, S. 24/25 Look/Olaf Bathke, S. 25 Look/Christian Bäck, S. 25 Look/Christian Bäck, S. 26/27 Look/Christian Bäck, S. 27 G/Sven Rosenhall, S. 27 Look/Arnt Haug, S. 28/29 G/Murat Taner, S. 29 M/Kim Petersen, S. 29 G/Roberto Moiola, S. 30/31 Look/Rainer Mirau, S. 31 G/CP Cheah, S. 31 M/P. Widmann, S. 32 M/Chris Seba, S. 32 G/Michal Krakowiak, S. 33 G/Scott R Barbour, S. 33 M/Chris Seba, S. 34 C/Massimo Listri, S. 34 M/Ingo Boelter, S. 35 M/Nico Stengert, S. 35 G/Marco Bottigelli, S. 36/37 G/Paul Panayiotou, S. 37 M/NielsDK, S. 37 G/Victoria Wlaka, S. 37 G/Sergio Pitamitz, S. 37 G/Walter Bibikow, S. 38/39 M/Eric Nathan, S. 38/39 G/Thomas Lammeyer, S. 39 M/David Muscroft, S. 39 G/Steve Raymer, S. 39 M/David Muscroft, S. 39 M/Alamy, S. 39 G/Angel Villalba, S. 40 M/Kim Petersen, S. 40 G/Morten Falch Sortland, S. 40 M/Alamy, S. 40/41 M/NielsDK, S. 40/41 M/Alamy, S. 42/43 M/Alamy, S. 43 M/Alamy, S. 44/45 Look/Robertharding, S. 45 G/John Elk III, S. 45 G/Stuart Black, S. 45 Look/Tobias Richter, S. 45 G/A. Dagli Orti, S. 46/47 M/NielsDK, S. 47 G/Richard McManus, S. 47 Look/age, S. 48/49 M/NielsDK, S. 49 M/NielsDK, S. 50 G/Nick Brundle, S. 50 M/Alamy, S. 50 G/Möllers, S. 50/51 G/Nick Brundle, S. 51 M/Alamy, S. 52/53 G/Danita Delimont, S. 53 M/Wild Wonders of Europe, S. 53 M/Alamy, S. 53 M/Alamy, S. 53 M/Alamy, S. 53 M/Wouter Visser, S. 53 M/Wild Wonders of Europe, S. 54/55 G/Brian Bumby, S. 55 G/Greg Pease, S. 55 M/Michael Runkel, S. 56 M/Patrick Pleul, S. 56 M/Mario Tumm, S. 57 M/Mario Tumm, S. 56/57 G/Jacek Kadaj, S. 57 G/Priit Vesilind, S. 58/63 G/Chrstiankeller, S. 58–62 Look/Olaf Bathke, S. 63 M/Cultura, S. 63 M/Wild Wonders of Europe, S. 63 M/Werner Dieterich, S. 64/65 G/Magnus Larsson, S. 66 M/Alamy, S. 66 M/Alamy, S. 67 M/Alamy, S. 67 G/Stigalenas, S. 66/67 Look/Brigitte Merz, S. 68/69 G/bbsferrari, S. 69 G/John Freeman, S. 69 G/Holger Mette, S. 69 G/John Freeman, S. 69 G/Werner Nystrand, S. 70 G/Johner Images, S. 70 G/Martin Wahlborg, S. 71 Look/Konrad Wothe, S. 71 G/Staffan Andersson, S. 72/73 M/Alamy, S. 73 Look/age, S. 73 M/Alamy, S. 73 Look/IBL, S. 74 Look/age, S. 74 M/Peter Erik Forsberg, S. 74 M/Peter Erik Forsberg, S. 74 M/Peter Erik Forsberg, S. 75 Look/Travel Collection, S. 74/75 M/Ullrich Gnoth, S. 76 Look/Olaf Meinhardt, S. 76 G/Rajesh Vijayarajan, S. 77 G/A. Dagli Orti, S. 77 G/A. Dagli Orti, S. 78/79 G/Schon, S. 79 G/David Hjort Blindell, S. 80 M/Bill Coster, S. 80 G/Arterra, S. 80 M/Alamy, S. 80/81 G/Gustaf Emanuelsson, S. 80/81 M/Anders Ekholm, S. 82/83 M/Alamy, S. 83 G/Elliot Elliot, S. 83 Look/NordicPhotos, S. 83 M/Julian Birbrajer, S. 84/85 G/Johner Images, S. 85 Look/Olaf Meinhardt, S. 86 G/Rolf_52, S. 86 G/fuchs-photography, S. 86 G/Rolf_52, S. 87 G/Macduff Everton, S. 86/87 Look/age, S. 88 G/Bildvision_AB, S. 88 G/Fuchs-photography, S. 88/89 G/Johner Images, S. 89 M/Jörgen Larsson, S. 90/95 G/fotoVoyager, S. 91–94 G/fotoVoyager, S. 95 G/fotoVoyager, S. 96/97 G/Korhan Sezer, S. 96 Look/age, S. 96 M/Alamy, S. 97 G/DEA Picture Library, S. 97 M/Alamy, S. 97 M/CuboImages, S. 97 G/Atlantide Phototravel, S. 96/97 M/Alamy, S. 98 G/Guy Vanderelst, S. 98 M/Ludovic Maisant, S. 99 Look/Robertharding, S. 99 G/Marco Bottigelli, S. 100 Look/NordicPhotos, S. 100 G/Atlantide Phototravel, S. 101 G/Peter Adams, S. 101 G/Mauricio Abreu, S. 102 G/Franz-Marc Frei, S. 102 G/Johner Images, S. 102 G/Gerard Puigmal, S. 103 Look/Olaf Meinhardt, S. 103 G/Gerard Puigmal, S. 104/105 G/Photomick, S. 105 M/Mike Kleinhenz, S. 105 Look/IBL, S. 105 M/United Archives, S. 105 M/Johnèr, S. 106 G/Wolfgang Poelzer, S. 106 G/Jukka Rapo, S. 106 G/Maria Swärd, S. 107 G/Jukka Rapo, S. 107 M/Johnèr, S. 108/109 G/Eurasia Press, S. 109 G/Atlantide Phototravel, S. 109 M/Alamy, S. 110 G/Gregory Michiels, S. 111 M/Werner Nystrand, S. 111 G/Johner Images, S. 110/111 G/Christophe Boisvieux, S. 112/113 G/Charley Yelen, S. 112 M/Alamy, S. 113 G/Erhard Nerger, S. 113 M/Pixtal, S. 113 M/Jan & Nadine Boerner, S. 113 M/Pixtal, S. 113 G/Mikael Drackner, S. 114/115 G/Jonas Gunnarsson, S. 115 G/Jonas Gunnarsson, S. 116/117 M/Alamy, S. 117 Look/age, S. 117 G/Johner Images, S. 118/119 G/Marcus Lindstrom, S. 120/121 M/Alamy, S. 121 G/Katrin Lillenthal, S. 121 M/Alamy, S. 121 M/Alamy, S. 122/123 M/Uri Golman, S. 123 M/Alamy, S. 123 M/Alamy, S. 123 M/Alamy, S. 124/125 G/B. Schmid, S. 125 M/Alamy, S. 126/127 M/Lauri Rotko, S. 126/127 G/Jarmo Piironen, S. 127 Look/Franz Marc Frei, S. 127 G/Sami Hurmerinta, S. 127 M/Alamy, S. 127 M/Carolin Thiersch, S. 128/129 G/Jeppe Wikstrom, S. 129 M/Alamy, S. 129 M/Alamy, S. 130/131 M/FotoVoyager, S. 131 G/Ryhor Bruyeu, S. 131 G/Danny Lehman, S. 131 G/Miemo Penttinen, S. 132/133 C/Alex Holland, S. 133 M/Alamy, S. 133 G/Renaud Visage, S. 133 M/Alamy, S. 134 M/Alamy, S. 134 G/Keren Su, S. 134 G/Marco Piunti, S. 135 C/Alex Holland, S. 135 Look/Ingolf Pompe, S. 136/137 M/Norbert Eisele-Hein, S. 137 M/, S. 137 M/Günter Grüner, S. 138 G/T. E G. Baldizzone, S. 138 G/Werner Nystrand, S. 138 G/Marc Goodwin, S. 139 G/Yuxuan Hou, S. 139 C/Steve Raymer, S. 140/141 G/Walter Bibikow, S. 141 G/Manfred Gottschalk, S. 142/143 G/Milamai, S. 143 M/David Tipling, S. 144/145 G/Jeroen P, S. 146/147 G/Christophe Faugere, S. 147 G/Sino Images, S. 147 G/Sino Images, S. 148/149 G/John Freeman, S. 149 Look/Holger Leue, S. 149 G/Danita Delimont, S. 150/151 G/Anadolu Agency, S. 151 M/Alamy, S. 151 G/IgorSPb, S. 151 M/Alamy, S. 152 G/Katie Garrod, S. 152 G/Katie Garrod, S. 152 M/Konstantin Trubavin, S. 153 M/studio204, S. 153 Look/Holger Leue, S. 154/155 G/Thipjang, S. 155 G/Hippolyte Delaroche, S. 155 G/Image Source, S. 155 G/Zhouyousifang, S. 156/157 G/Stephen Alvarez, S. 157 G/Danita Delimont, S. 158/159 M/Alamy, S. 159 G/Izzet Keribar, S. 159 M/R. Ian Lloyd, S. 159 M/George Simhoni, S. 159 M/George Simhoni, S. 159 M/Sylvain Sonnet, S. 160/161 Look/Franz Marc Frei, S. 162 G/Panoramic Images, S. 162 M/Ferdinand Hollweck, S. 162/163 M/Ferdinand Hollweck, S. 163 G/Lou Jones, S. 164 M/Fine Art Images, S. 164/165 Look/age, S. 165 M/Alamy, S. 165 G/John Freeman, S. 166/167 G/Jon Bower, S. 167 G/John Freeman, S. 167 G/LP7, S. 167 G/John Freeman, S. 167 G/Pola Damonte, S. 167 G/John Freeman, S. 167 G/Duke of Arch, S. 168 G/Christophe Faugere, S. 168 G/Anujak Jaimook, S. 169 M/Alamy, S. 169 G/Panoramic Images, S. 170 G/Wendy Rauw, S. 170/171 G/Wendy Rauw, S. 171 G/Tonnaja.com, S. 171 G/Amos Chapple, S. 172 G/Anujak Jaimook, S. 172/173 G/Panoramic Images, S. 173 G/Keren Su, S. 174/175 M/Alamy, S. 175 M/Alamy, S. 175 G/SVproduction, S. 175 G/Inna Poka, S. 176/177 M/Alamy, S. 177 G/W. Buss, S. 178 Look/Travel Collection, S. 178 Look/Travel Collection, S. 178 Look/Travel Collection, S. 179 Look/age, S. 179 G/Imagno, S. 179 G/Izzet Keribar, S. 180/181 G/Amos Chapple, S. 181 M/Prisma, S. 181 Look/Hemis, S. 182 M/Alamy, S. 182 M/Alamy, S. 182 G/Belikart, S. 183 G/Belikart, S. 183 G/Belikart, S. 184/185 Look/Franz Marc Frei, S. 186/187 M/Günter Lenz, S. 187 M/Alamy, S. 187 M/Linda Pitkin, S. 187 G/Westend61, S. 187 M/Alamy, S. 188/189 C/Allan Baxter, S. 189 G/Guy Vanderelst, S. 190/191 M/Alamy, S. 190/191 C/ac productions, S. 191 M/Sabine Lubenow, S. 191 M/Alamy, S. 192 Look/Holger Leue, S. 192 G/Izzet Keribar, S. 193 M/Günter Lenz, S. 193 M/Stefan Kiefer, S. 194 M/Sven Zacek, S. 194 G/Edwin Rem, S. 194 G/Sven Zacek, S. 194/195 G/Sven Zacek, S. 194/195 G/Sven Zacek, S. 196/197 G/Sven Zacek, S. 197 G/Sisse Brimberg, S. 197 M/Alamy, S. 198/199 G/Sven Zacek, S. 199 G/Sven Zacek, S. 199 G/Werner Bollmann, S. 199 G/Louise Heusinkveld, S. 199 G/Samuli Vainionpää, S. 200/201 G/Margus Muts, S. 201 M/Alamy, S. 201 G/Mirko Macari, S. 202 G/Christian Goupi, S. 202 G/Maremagnum, S. 203 G/Christian Goupi, S. 203 M/Alamy, S. 204/205 G/Linda Whitwam, S. 205 G/Tonygers, S. 205 G/Holger Leue, S. 205 G/Danita Delimont, S. 205 Look/age, S. 205 Look/Franz Marc Frei, S. 205 C/Massimo Borchi, S. 206 C/Wilfred Y Wong, S. 206 G/Leo Patrizi, S. 206 Look/Franz Marc Frei, S. 207 M/Alamy, S. 207 M/Peter Seyfferth, S. 208/209 G/Guy Vanderelst, S. 209 G/Guy Vanderelst, S. 209 C/Douglas Pearson, S. 209 M/Alamy, S. 210/211 G/Proxyminder, S. 211 M/Alamy, S. 211 G/Danita Delimont, S. 212/123 Look/age, S. 213 M/Christian Handl, S. 213 G/De Agostini, S. 214/215 G/Andrius Kundrotas, S. 215 M/Catharina Lux, S. 215 G/Chamille White, S. 215 G/Proslgn, S. 216/217 G/MikeShamoi, S. 217 M/NPL, S. 217 M/NPL, S. 217 G/Dirk Enters, S. 217 M/Thomas Hintze, S. 217 M/Thomas Hintze, S. 217 M/Thomas Hintze, S. 218/219 M/Alamy, S. 219 M/Thomas Hintze, S. 219 M/Alamy, S. 220/221 M/NPL, S. 221 G/Antanas Minkevicius, S. 221 M/Alamy, S. 222/223 G/Jeff Daly, S. 223 G/Niserin, S. 223 G/Howard Grey, S. 224/225 M/Alamy, S. 226/227 M/Alamy, S. 227 G/Mariusz Prusaczyk, S. 227 M/Alamy, S. 228/229 M/Günter Lenz, S. 229 G/Grzegorz Polak, S. 229 Look/age, S. 230/231 G/Science Source, S. 231 M/Alamy, S. 231 G/Bettmann, S. 231 G/Westend61, S. 232 G/Xantana, S. 232 G/Mariusz Kluzniak, S. 233 M/Hans Mitterer, S. 232/233 G/Alexander Spatari, S. 234 Look/Thomas Stankiewicz, S. 234 G/Gavin Hellier, S. 234 M/Alamy, S. 235 G/Roman Babakin, S. 235 G/Mariusz Kluzniak, S. 236/237 M/John Warburton-Lee, S. 237 M/United Archives, S. 237 M/W. Korall, S. 238/239 M/John Warburton-Lee, S. 240 M/Olaf Protze, S. 240 M/Janusz Pokorski, S. 241 M/P. Narayan, S. 240/241 G/Pawel Litwinski, S. 241 M/Mikolaj Gospodarek, S. 242/243 M/Alamy, S. 243 M/Alamy, S. 243 M/Alamy, S. 243 M/Chris Seba, S. 243 G/Patstock, S. 244/245 M/Alamy, S. 245 M/Alamy, S. 245 M/Alamy, S. 245 M/Chris Schenk, S. 245 M/Martin Woike, S. 246/247 G/MikeMareen, S. 247 G/Mike Mareen, S. 248/249 Look/Heinz Wohner, S. 250/251 M/Christian Bäck, S. 251 G/fhm, S. 251 Look/Rainer Martini, S. 251 M/Robert Harding, S. 252 Look/Rainer Martini, S. 252 C/Herbert van der Stok, S. 253 Look/Tina und Horst Herzig, S. 253 M/Detlev van Ravenswaay, S. 253 M/W. Wirth, S. 253 M/Martin Zwick, S. 254 C/Miles Ertman, S. 254 M/Udo Siebig, S. 254 Look/Sabine Lubenow, S. 254 H. & D. Zielske, S. 255 G/Slow Images, S. 255 Look/Arnt Haug, S. 256/257 Look/Heinz Wohner, S. 257 M/Rainer Mirau, S. 258 M/Alamy, S. 258 C/Nico Stengert, S. 258/259 C/Peter Adams, S. 258/259 G/Arnt Haug, S. 260/261 H. & D. Zielske, S. 261 H. & D. Zielske, S. 262 M/Hartmut Schmidt, S. 262 M/Christian Bäck, S. 262 G/Dietrich Bojko, S. 263 M/Rosenfeld, S. 263 M/Peter Schickert, S. 263 M/Imagebroker, S. 264 Look/Heinz Wohner, S. 264 Look/Konrad Wothe, S. 265 M/Andreas Jäkel, S. 264/265 M/Andreas Jäkel, S. 266/267 Look/Olaf Bathke, S. 267 M/Rainer Mirau, S. 268/269 G/Nemo1963, S. 269 Look/Heinz Wohner, S. 270/271 C/Sabine Lubenow, S. 271 M/age, S. 271 M/Christian Bäck, S. 271 Look/Heinz Wohner, S. 271 M/age, S. 271 M/Hans Zaglitsch, S. 272 H. & D. Zielske, S. 272 C/Peter Langer, S. 273 H. & D. Zielske, S. 273 Look/age, S. 274 G/, S. 274 M/Peter Czajka, S. 275 M/Rainer Mirau, S. 274/275 M/Jörn Friederich, S. 275 M/Jörn Friederich, S. 276/277 Look/Thomas Grundner, S. 277 Look/Heinz Wohner, S. 277 Look/Konrad Wothe, S. 277 Look/Thomas Grundner, S. 277 G/Andreas Jäkel, S. 277 Look/Heinz Wohner, S. 277 Look/Olaf Bathke, S. 278/279 M/Hans Zaglitsch, S. 279 Look/Heinz Wohner, S. 280 M/Roland T. Frank, S. 280 Look/Thomas Grundner, S. 280 H. & D. Zielske, S. 281 G/Frank Waßerführer, S. 281 M/Thomas Born, S. 282/283 H. & D. Zielske, S. 283 M/Rainer Mirau, S. 284 Look/Thomas Grundner, S. 284 Look/Sabine Lubenow, S. 285 Look/Ulf Böttcher, S. 285 Look/Ulf Böttcher, S. 286/287 G/Domingo Leiva, S. 287 Look/Rainer Mirau, S. 287 H. & D. Zielske, S. 288/289 M/Hans Zaglitsch, S. 289 M/Alamy, S. 289 M/Alamy, S. 289 M/Dirk Renckhoff, S. 288/289 M/Novarc, S. 290 M/Lothar Steiner, S. 290 M/Justus de Cuveland, S. 290/295 G/Travelstock44 Juergen Held, S. 291–294 M/Christian Bäck, S. 295 M/Alamy, S. 296/297 M/Sabin Lubenow, S. 296/297 M/Thomas Ebelt, S. 297 M/Siegfried Kuttig, S. 297 M/Christian Bäck, S. 297 M/Novarc, S. 298/299 G/Acnakelsy, S. 299 M/Michael Szönyi, S. 299 Look/Heinz Wohner, S. 300/301 G/Stefan Kunert, S. 301 M/Travel Collection, S. 302 Look/Walter Schiesswohl, S. 302 M/United Archives, S. 302/303 Look/Thomas Grundner, S. 303 G/R. Merlo, S. 304/305 H. & D. Zielske, S. 305 M/Hifografik, S. 305 G/Acnakelsy, S. 305 Look/Rainer Mirau, S. 306 G/Leonid Andronov, S. 306 M/Alamy, S. 306 Look/Travel Collection, S. 307 M/Torsten Krüger, S. 307 G/Wolfgang Kaehler, S. 308 G/Bettmann, S. 308 C/, S. 308 H. & D. Zielske, S. 309 H. & D. Zielske, S. 309 H. & D. Zielske, S. 309 H. & D. Zielske, S. 310/311 H. & D. Zielske, S. 311 Look/Ulf Böttcher, S. 311 G/Wilfried Wirth, S. 312/312 H. & D. Zielske, S. 313 Look/Karl Johaentges, S. 313 Look/Karl Johaentges, S. 314/315 Look/Heinz Wohner, S. 315 G/Erhard Nerger, S. 315 M/Imagebroker, S. 315 Look/Lukas Wernicke, S. 315 M/Karl-Heinz Hänel, S. 317 Look/Juergen Stumpe, S. 317 M/Egon Bömsch, S. 316/317 Look/Heinz Wohner, S. 316/317 Look/Heinz Wohner, S. 318/319 Look/Rainer Mirau, S. 319 G/frankix, S. 319 M/Werner Otto, S. 320/321 M/Werner Otto, S. 321 M/Peter Lehner, S. 321 M/Peter Lehner, S. 322/323 Look/Arnt Haug, S. 323 C/Jim Richardson, S. 323 Look/Lukas Wernicke, S. 324/325 M/Klaus Neuner, S. 325 M/Klaus Neuner, S. 325 M/Klaus Neuner, S. 325 H. & D. Zielske, S. 326/327 H. & D. Zielske, S. 326/327 H. & D. Zielske, S. 327 M/Ingo Boelter, S. 327 Look/Heinz Wohner, S. 327 H. & D. Zielske, S. 328/329 H. & D. Zielske, S. 329 M/Alamy, S. 329 M/Siegfried Kuttig, S. 329 M/Alamy, S. 329 H. & D. Zielske, S. 329 Look/Sabine Lubenow, S. 329 Look/Tilman Schuppius, S. 330/331 Look/Sabine Lubenow, S. 331 Look/Sabine Lubenow, S. 331 Look/Sabine Lubenow, S. 330/331 Look/Heinz Wohner, S. 332/333 Look/Thomas Grundner, S. 333 M/Kurt Kracher, S. 333 Look/Sabine Lubenow.

St.-Cajetan-Straße 41
81669 München
Tel. +49.89.45 80 20-0
Fax +49.89.45 80 20-21
www.kunth-verlag.de
info@kunth-verlag.de

Printed in Slovakia

Text: Dietmar Falk, Heidrun Kriegel, Iris Ottinger, Katinka Holupirek
Redaktion: Jennifer Künkler